EL MANUAL DE ENTRENAMIENTO ESPIRITUAL YORUBA

LA GUÍA DEFINITIVA DE RECURSOS PARA LA RELIGIÓN YORUBA

AWO IFAGBEMI

Primera edición: 2024.
Impresión. ISBN: 979-8-9909018-1-0
Número de control de la Biblioteca del Congreso: 2024914247
Publicado por Michael Perez, Erie, PA, EE.UU.

A mis sabios ancianos en Ifa, desde lo profundo de mi corazón, gracias por todo su apoyo, sabiduría y guía. Olodumare, los Orishas, mi querida madre y mis ancestros: En su luz encuentro guía; en su sabiduría encuentro fuerza. Ustedes son mi verdadera luz guía en este mundo.

PREFACIO

EL CAMINO DE UN BUSCADOR: DESVELANDO A LOS ORISHAS

Mi viaje comenzó como una búsqueda de respuestas a las preguntas de la vida, impulsada por una mente abierta y un profundo deseo de descubrir mi propósito. Esta búsqueda me llevó inicialmente por varios caminos espirituales, cada uno ofreciendo su propia visión sobre la naturaleza de la existencia. A lo largo de los años, me sumergí en diferentes filosofías y prácticas, con la esperanza de encontrar una que resonara con mi interior. Estudié conocimientos antiguos, participé en diversas meditaciones y busqué orientación de varios mentores espirituales. Cada paso me enseñó valiosas lecciones y me dio una visión de mi propio yo interior. A medida que avanzaba mi camino, me hice evidente que lo que buscaba no estaba en ninguna enseñanza o doctrina externa, sino en una forma de sanar mi yo interior y afrontar mi propio trauma y dolor. En los últimos veinte años, me he dado cuenta de que el verdadero viaje es uno de introspección y autodescubrimiento, desvelando capas de condicionamiento y expectativas sociales para descubrir mi yo auténtico, enterrado profundamente bajo años de condicionamiento social y trauma.

Descubrí que la alineación con mi destino no es un destino, sino un proceso continuo de crecimiento interior y autoconciencia. Requiere escuchar mi voz interior, confiar en mi intuición y abrazar mi camino único con coraje y convicción. Muchas personas, como yo, se encuentran buscando sentido, propósito y sanación en sus vidas. Esta búsqueda está impulsada por la necesidad humana universal de entender nuestro lugar en el mundo y vivir una vida fiel a nuestra esencia. En última instancia, el viaje de exploración es profundamente personal. Nos enseña que, aunque la orientación externa puede ser útil, las respuestas más profundas vienen de dentro. Este viaje a menudo nos lleva de vuelta a nosotros mismos, revelando que ya poseemos la sabiduría y la fortaleza necesarias para afrontar nuestras vidas con propósito.

A lo largo de mi exploración, he llegado a creer que la espiritualidad orisha, especialmente la adivinación Ifa, es una de las formas más efectivas de desbloquear nuestro potencial y propósito interiores. Arraigado en la antigua tradición yoruba, este sistema enfatiza la interconexión de toda vida y la importancia de mantener el equilibrio y la armonía dentro de uno mismo, del universo y dentro de nuestras comunidades humanas. La adivinación no trata de predecir el futuro, sino de ayudarnos a obtener una visión más profunda de nuestro propio estado actual de existencia y a entender cómo realinearnos con nuestro verdadero potencial.

Al abrazar la espiritualidad orisha y participar en la adivinación Ifa, he adquirido una comprensión más profunda de mí mismo y de mi lugar en el mundo. Esta práctica me ha ayudado a conectar con mi sabiduría interior, cultivar mis fortalezas y superar obstáculos. Se ha convertido en una piedra angular de mi camino, guiándome hacia una vida de realización y alineación con mi verdadera esencia. A través de esta práctica, sigo creciendo, evolucionando y navegando mi camino con claridad y empoderamiento. Este libro sobre la espiritualidad yoruba sirve como una guía completa para los lectores que buscan una visión sobre esta rica y antigua tradición. Únete a mí en este viaje mientras exploramos más aspectos de esta hermosa tradición.

* * *

ÍNDICE

INTRODUCCIÓN

NOTAS INICIALES

En los últimos años, ha habido un creciente interés en la espiritualidad Orisha entre aquellos que desean conectarse con las antiguas formas del pasado. La naturaleza fuera de nosotros es, de hecho, la misma naturaleza dentro de nosotros. Muchos de nosotros buscamos la sabiduría de los antiguos para reavivar nuestra conexión sagrada con los Orishas divinos, la madre sagrada y las energías de su útero vivificante que llamamos planeta tierra. Conectarse con los Orishas comienza con honrar la tierra y enraizarnos para poder sanar. La madre naturaleza sagrada, sus ritmos y sus estaciones no son solo las estaciones del año sino también las estaciones dentro de nosotros. Creemos que las fuerzas de la naturaleza son atributos de seres divinos.

¿Quiénes son los yoruba?

Los yoruba se encuentran en la actual Nigeria. Esta es también la patria de los espíritus que llamamos Orishas. Más de doce millones de personas fueron llevadas a la esclavitud desde esta región, muchos de ellos hombres, mujeres y niños yoruba. Tenemos acceso a los Orishas aquí en el hemisferio occidental porque los antepasados trajeron una rica tradición oral que ha tenido muy pocas fuentes escritas hasta hace poco. Todavía hay gran parte de esta tradición que no está cubierta en los libros.

Entre los practicantes espirituales yoruba, existe una fuerte creencia no sólo en los Orishas sino también en los espíritus de nuestros ancestros fallecidos (Egun), quienes se cree que siempre estuvieron presentes en nuestras vidas, guiándonos aquí en la tierra para ayudarnos a cumplir el destinos que elegimos antes de venir aquí, que se cree que es el propósito principal de la vida. El problema es que nos distraemos con otras cosas menos importantes mientras estamos aquí. Para los Yoruba, los ancestros, la naturaleza y los Orishas juegan un papel íntimo en todas nuestras vidas sin importar si lo reconocemos. El nombre Egun es lo que los yoruba llaman una energía colectiva, espiritual y ancestral que nos ayuda a sostenernos en nuestras vidas. Egun significa "hueso" en el idioma yoruba. Cuando nos comunicamos con nuestro Egun o los Orishas, utilizamos varios tipos de técnicas de adivinación.

La espiritualidad de los Orisha no es simplemente una religión; es una forma de vida que da forma a nuestra perspectiva del mundo. Gobierna cómo nos comportamos y cómo percibimos las cosas que nos rodean, incluido nuestro respeto por el ecosistema de la Tierra y el respeto mutuo. Es común ver a los devotos de Orisha involucrándose en sus comunidades para ayudar a hacer de este mundo en el que todos vivimos un lugar mejor. El estilo de vida yoruba influye en cómo nos relacionamos con el mundo en todos los aspectos. Por ejemplo, algo tan simple como limpiar la basura a lo largo de la orilla del río tiene un significado espiritual. Este acto puede verse como una forma de sacrificio, que simboliza la devoción o el amor por un Orisha específico. Además, refleja nuestra reverencia y cuidado por la naturaleza y la Tierra que habitamos. Los yoruba suelen ver a los Orishas como aspectos del Dios supremo conocido como Olodumare, que tienden a gobernar varios lugares o fuerzas naturales de la naturaleza, como el río, los bosques, el cielo, etc. Tomemos el ejemplo del río usado anteriormente. Se cree que este es el dominio del Orisha Oshun. Se cree que ella no solo gobierna todos los ríos de la Tierra sino también toda el agua dulce de la Tierra. Oshun es vista como la fuerza divina que gobierna este elemento natural y se cree que se manifiesta como él. Sin agua dulce, todos moriríamos y gran parte de la vida en la Tierra no podría seguir sobreviviendo. El poder del Amor es otro aspecto significativo del dominio de Oshun. Sin amor y pasión, la reproducción sería difícil. El amor fomenta los vínculos emocionales entre las personas, creando un sentido de pertenencia y apoyo que hace que nuestra existencia sea más significativa. Se cree que los Orishas contribuyen a hacer habitable nuestro mundo, asegurando nuestro confort y bienestar.

Un devoto de Orisha podría ofrecer un alimento a Oshun colocándolo cerca de la orilla del río. Es posible que hagan esto y le pidan que mejore su vida amorosa. Si alguien desea una pareja romántica o un cónyuge, puede visitar el río y dejar una ofrenda para buscar la ayuda de Oshun en su búsqueda. Sin embargo, es importante tener en cuenta que nunca se deben dejar plástico u otros artículos no biodegradables como ofrendas.

Los artículos no biodegradables no son ofertas aceptables y se consideran basura. Esto se considera una falta de respeto tanto a los Orishas como al planeta. Los alimentos orgánicos se consideran naturales y permitidos. A menudo, estos artículos se convertirán en alimento para bichos no humanos. Esta es quizás una forma de devolverle a la naturaleza todo lo que le quitamos. Un devoto de Orisha también podría percibir la limpieza de los escombros antinaturales a la orilla del río, como se menciona en el ejemplo anterior, como un intento de ganarse el favor de Oshun.

La semana pasada, cuando hice mi lectura de adivinación, me dijeron que necesitaba dejar un poco de miel a la orilla del río como parte de mis ofrendas a Oshun. Pregunté si podría recibir dinero durante la lectura. La miel y la abeja son símbolos de Oshun. Oshun ayuda a traer no sólo amor sino también dulzura a nuestras vidas, así como riqueza. Una vez que regresé a casa, noté una abeja dentro de mi ventana tratando de escapar. Vi esto como una señal de que Oshun aceptaba las ofrendas, salí hacia ella ese mismo día. Felizmente atrapé la pequeña abeja y la puse afuera. Para mí, tal acto se convirtió en una forma de devoción a este Orisha, demostrando su presencia eterna en nuestras vidas y su apoyo continuo. Estos son algunos ejemplos de cómo opera la devoción a los Orisha bajo la visión del mundo Yoruba. Estas prácticas son una parte común de la vida cotidiana de los yoruba y de los practicantes yoruba que viven en la diáspora. Como practicantes de Orisha, creemos que tenemos acceso a la guía y la sabiduría eternas. Todo lo que debemos hacer es sintonizarnos con el ciclo natural de la tierra y con los ciclos naturales de nuestra propia mente, cuerpo y espíritu. Esta sabiduría y guía están a nuestro alrededor. Sólo necesitamos abrirnos para recibirlo.

¿Alguna vez te has dado cuenta de que el suelo que pisas es sagrado porque los huesos de los antepasados y de los que fallecieron antes que nosotros están enterrados bajo nuestros pies?

Tendemos a decir que son los antepasados sobre cuyos hombros nos apoyamos; Esto se puede tomar literalmente cuando nos paramos sobre la tierra y caminamos sobre el suelo donde, de hecho, están enterrados sus huesos. Es cierto que casi toda la humanidad está enterrada en el suelo debajo de nosotros y, sin embargo, continuamos viviendo nuestra vida diaria caminando de un lugar a otro sin darnos cuenta de este hecho. La naturaleza puede enseñarnos verdades sobre el mundo en el que de otro modo nunca hubiéramos pensado antes. Sólo necesitamos abrir nuestras mentes y desconectarnos de la construcción humana de raza de ratas de nuestra compleja sociedad moderna. No importa los desafíos que enfrentemos, es probable que alguien en el pasado haya recorrido un camino similar y esa persona esté enterrada bajo nuestros pies.

Parte 2
Sinopsis del Capítulo: Un Vistazo al Viaje Por Delante

¡Bienvenido a "El Manual de Entrenamiento Espiritual Yoruba"! Te invito a una cautivadora exploración del pueblo Yoruba, su rica cultura y su fascinante sistema de creencias. Nos embarcaremos en un viaje que desvela los misterios de los Yoruba, profundizando en su historia, mitología y prácticas espirituales. En este libro recorreremos lo siguiente:

El capítulo 1, Explorando la civilización Yoruba, comienza en la antigua ciudad de Ile-Ife, considerada el centro espiritual y cultural del pueblo Yoruba. Aquí, descubrimos los fundamentos de la cultura Yoruba y exploramos sus tradiciones y creencias únicas.

El capítulo 2, Revelando el concepto Yoruba de lo Divino, profundiza en el multifacético concepto Yoruba de Dios. Exploramos sus creencias sobre la naturaleza de lo divino y el poder espiritual vital conocido como "Ase" que sustenta la espiritualidad Yoruba.

El capítulo 3 presenta más de veinte poderosas deidades conocidas como Orishas, que gobiernan diversos aspectos de la vida. Las descripciones detalladas y sus asociaciones únicas dan vida a estas entidades cautivadoras.

Los capítulos 4 al 6 nos enseñan cómo conectarnos con los antepasados y explorar el concepto de "Atunwa", similar a la reencarnación. Aprendemos cómo los Yoruba honran a sus antepasados y fomentan una conexión profunda con su rica herencia.

En el Capítulo 7, examinamos la filosofía del espiritismo en la creencia yoruba y su impacto global. Descubra cómo se utilizan los naipes comunes para la adivinación, que se detalla al final del capítulo.

Los capítulos 8 y 9 exploran "Ori", el concepto Yoruba de conciencia espiritual y el concepto tradicional Yoruba de Kojoda, revelando cómo el tiempo y el destino se entrelazan en la comprensión Yoruba.

El capítulo 10 explora el reino de los sueños y las comunidades Egbe, mientras que los capítulos 11 al 13 profundizan en varias etapas de la vida en la sociedad tradicional Yoruba. Desde los rituales de nacimiento hasta las ceremonias de iniciación, exploramos las definiciones Yoruba de moralidad y pasajes de la vida.

Los capítulos 14 al 17 profundizan en intrincados procesos de adivinación, explorando conceptos como "Odu Ifá", sacrificio, "ire" (bendiciones) y "Osogbo" (desgracias). Descubrimos cómo los Yoruba buscan y mantienen el equilibrio a través de estas prácticas.

En los capítulos 18 al 21, profundizaremos en el arte de la adivinación Obi y la medicina tradicional Yoruba. Finalmente, concluiremos con qué buscar en una comunidad espiritual.

En conclusión, espero que a medida que explores más el mundo Yoruba, desarrolles una conexión profunda con la tierra, los ancestros y los poderosos misterios incrustados en la naturaleza de los Orishas. Por último, imagínate buscando refugio bajo las antiguas ramas de un árbol sabio. Visualiza tu ser conectándote con esta espiritualidad basada en la tierra, forjando un vínculo profundo con la tierra y los espíritus de tus ancestros que descansan bajo tus pies. Silencia tus pensamientos acelerados y sumérgete en comunión con una antigua fuente de curación, un pulso rítmico que hace eco de los latidos del corazón de la tierra. Abrace este viaje y descubra los potentes secretos que se encuentran dentro de la naturaleza de los Orishas. Prepárese para abrazarse a sí mismo en una emocionante aventura en esta antigua fe del pueblo Yoruba.

* * *

LOS DIECISÉIS PRINCIPIOS DE LA ESPIRITUALIDAD DE LOS ORISHAS

Estos principios forman la base de nuestra filosofía espiritual, guiándonos en la integridad moral. Aunque se comparten ampliamente entre diferentes linajes y grupos, algunos principios pueden interpretarse de forma distinta, y las comunidades pueden practicarlos de maneras que reflejen sus tradiciones y herencia espiritual únicas.

LOS DIECISÉIS PRINCIPIOS DE LA ESPIRITUALIDAD ORISHA

1. *Creemos en un Dios supremo llamado Olodumare u Olorun*
2. *Creemos que Olodumare expresa la voluntad divina a través de leyes universales y las divinidades conocidas como Orishas.*
3. *Creemos que todos los seres deben seguir las leyes universales de la naturaleza establecidas por Olodumare.*
4. *Creemos que podemos comunicarnos con los Orishas y antepasados a través de la adivinación, la mediumnidad y la profecía.*
5. *Creemos que la comunicación con el mundo espiritual a través de la adivinación, la mediumnidad y la profecía es necesaria para nuestro bienestar y supervivencia aquí en la tierra.*
6. *Creemos que la existencia en la Tierra funciona según las leyes naturales de causa y efecto y el equilibrio universal.*
7. *Creemos en el concepto de renacimiento y en la transmigración del alma entre los ámbitos físico y espiritual.*
8. *Creemos que elegimos nuestro propio destino antes de venir a la Tierra.*
9. *Creemos que podemos elevar nuestra condición espiritual alineándonos con nuestro destino, practicando el buen carácter y comunicándonos con las fuerzas espirituales que nos apoyan.*
10. *Creemos que nuestras acciones, virtudes y el destino que elegimos suelen determinar nuestros resultados.*

11. *Respetamos a los ancianos de nuestra comunidad por su sabiduría en cuestiones de vida, supervivencia y consejo espiritual.*

12. *Creemos que el desarrollo espiritual es el objetivo de la existencia.*

13. *Vemos la esperanza para el futuro como una virtud en lugar de temerla.*

14. *Creemos que la adivinación y el sacrificio pueden aportar una visión y cambiar el curso de los acontecimientos.*

15. *La Regla de Oro guía nuestras vidas; Nos esforzamos por tratar a los demás como deseamos que nos traten a nosotros.*

16. *La sabiduría y el conocimiento que adquirimos nos impulsan hacia adelante en la vida.*

* * *

CREENCIAS Y TRADICIONES

PARTE 1

CAPÍTULO 1
EXPLORANDO LA CIVILIZACIÓN YORUBA

Es AMPLIAMENTE ACEPTADO que la humanidad se originó en África. Nigeria alberga una antigua ciudad llamada Ile Ife, que se cree que es la ciudad más antigua conocida. Algunos exploradores incluso la han comparado con la mítica ciudad perdida de la Atlántida. Esta ciudad tiene una inmensa importancia en la cultura Yoruba y sirve como cuna primordial de su civilización. A mediados del siglo XIX, los exploradores quedaron fascinados por los artefactos descubiertos cerca de Ile Ife, ubicada en el estado de Osun, en la parte suroeste de Nigeria. Especular que estos artefactos podrían ser restos de la mítica ciudad de la Atlántida, generó una discusión académica. La esencia de la tradición Yoruba radica en la historia oral, transmitida de generación en generación a través de la palabra hablada hasta tiempos recientes, cuando finalmente fue documentada. Durante más de un siglo, los Yoruba han preservado sus conocimientos culturales, mitos, rituales y creencias a través de la transmisión oral antes de que fueran registrados por escrito.

Descubriendo la historia Yoruba, comenzaremos el capítulo uno profundizando en la historia del antiguo pueblo Yoruba desde el mito de la creación Yoruba hasta los tiempos modernos. En la fundación de la civilización Yoruba, exploremos primero la historia de la creación Yoruba, que tiene su fundamento en la tradición oral, como ocurre con muchas tradiciones mundiales que se difunden de boca en boca. El mito Yoruba de la creación tiene varias versiones diferentes. La siguiente versión es la historia que conozco:

Al principio, el universo estaba dividido. Olorun, el todopoderoso dios del cielo, gobernaba los cielos. Abajo, la vasta y oscura Tierra, que era todo océano, pertenecía a Olokun. Olorun sintió la necesidad de crear personas y tierra en la tierra y decidió confiarle a Obatalá la tarea de dar forma y crear tierra sobre la Tierra acuosa. En ese momento, el mundo estaba completamente cubierto solo de agua.

Olorun le dio permiso a Obatalá para hacer esto y no le informó a Olokun. Olorun luego le dio a Obatalá varias herramientas para completar su tarea, incluida una gallina, un camaleón y un caparazón de caracol con algo de tierra en su interior. Obatalá luego buscó el consejo de Orunmila, quien le proporcionó muchas semillas celestiales de muchas plantas diferentes en el cielo, incluidas las semillas de la nuez de palma que Obatalá luego plantaría en la tierra una vez creada.

Orunmila luego le dio a Obatalá una advertencia y le dijo que completara todo lo que necesitaba hacer en la tierra antes de regresar al cielo. Obatalá luego salió a comenzar esta tarea de crear tierra sobre la tierra, pero tenía que ver a Ogún primero y darle a Ogún la plata que Ogún necesitaba para crear una cadena que Obatalá pudiera usar para descender a la tierra. Una vez que Ogun forjó la cadena, Obatala comenzó a bajar por la cadena desde los cielos hacia la oscuridad de abajo hasta que la cadena no tuvo más longitud. Luego, el camaleón le ordenó que derramara la tierra que había contenido en la concha del caracol para formar tierra seca. Obatalá hizo esto y una montaña surgió del océano formando tierra seca. Luego, le ordenaron que soltara a la gallina, que comenzó a esparcir la tierra por todas partes, creando más tierra seca. Luego soltó al camaleón de la bolsa para probar la firmeza del suelo y pisó el terreno para comenzar la tarea de plantar las semillas. Después de un tiempo, Obatalá notó que la palmera que plantó antes a partir de una nuez de palma se había vuelto tan alta que llegaba a las puertas del cielo. Decidió subir al árbol para descansar un rato, tan agotado por su trabajo.

Después de descansar, despertó con los sonidos de los Orishas en el cielo teniendo una celebración y un banquete. También notó todos los hermosos frutos que crecían en las ramas de la palmera a su alrededor. Debido al hambre y la sed, Obatalá decidió asistir a la fiesta en el cielo y olvidó la advertencia de Orunmila pero primero recogió el fruto de la palma para llevarlo a la fiesta. Una vez que Obatalá llegó a la fiesta, Shangó y los demás Orishas le preguntaron qué había recogido y Obatalá les dijo que era el fruto de la palmera que plantó en la tierra que creció tanto que llegó hasta las puertas del cielo. Al ver lo hermoso y delicioso que era el fruto después de probarlo, los demás Orishas decidieron hacer una bebida alcohólica embriagadora y poderosa del fruto de la palma que Obatalá había recogido, la cual bebieron todos.

Obatalá se emborrachó y regresó a la tierra para terminar su trabajo. Al crear a los humanos, debido a que bebieron vino de palma, se volvió muy descuidado y provocó que estas personas fueran creadas deformadas. Obatalá entonces se dio cuenta del error que había cometido y sintió un terrible remordimiento. Luego llamó a Oduduwa, quien descendió a la Tierra. Obatalá entonces puso a

Oduduwa a cargo de la tierra. Se cree que Oduduwa es el primer rey del pueblo yoruba y de la antigua ciudad-estado de Ile Ife. Muchos de los Orishas así como los humanos continuaron usando la palmera para viajar de ida y vuelta del cielo a la tierra en aquellos días. Después de crear a la gente, Olokun se enojó y no quiso gente sobre la tierra. Olokun hizo todo lo posible para erradicar a los humanos. Olokun decidió desafiar a Obatalá sobre quién podía hacer los tapices más coloridos. Obatalá luego envió al palacio de Olokun al camaleón, quien con sus vibrantes habilidades para cambiar de color, derrotó a Olokun en el desafío. A partir de este día, Olokun permitió que la tierra fuera utilizada para habitación humana.

* * *

¿QUÉ PODEMOS APRENDER DE LA HISTORIA DE LA CREACIÓN YORUBA?

La historia de la creación nos enseña primero lo que creen los yoruba sobre sus propios orígenes. También señala algunas lecciones de vida valiosas, incluida la importancia de la responsabilidad y la toma de decisiones cuidadosa. El viaje y las acciones de Obatalá resaltan las consecuencias del descuido. Siempre debemos ser conscientes de nuestro comportamiento y de las decisiones que tomamos en la vida. Es importante seguir los consejos de Orunmila y la sabiduría de nuestros mayores para no repetir los mismos errores. La humanidad se ha vuelto descuidada en la preservación del medio ambiente y el mundo natural del que todos dependemos, debido a su intoxicación por el dinero, la codicia y el poder. Es crucial que la humanidad sea más consciente de estas cuestiones; de lo contrario, sus acciones serán irreparables. Obatalá reconoció su error y tomó medidas para rectificarlo nombrando a Oduduwa como líder. Sin embargo, una vez cometido el error, no pudo deshacerlo por completo. Todos estamos interconectados con la naturaleza y entre nosotros, que es la verdad fundamental que nos enseña la espiritualidad de Orisha. Descubriremos esta verdad a medida que continuemos nuestro viaje a través de este libro.

HISTORIA YORUBA: DE ILE IFE AL IMPERIO OYO

La tradición sostiene que Ile Ife se estableció alrededor del año 1000 a. C., pero la evidencia sugiere que la gente vivió allí incluso antes. Según el mito Yoruba, Oduduwa, el primer rey de Ile Ife y de todo el pueblo

Yoruba, vino de los cielos y gobernó a la humanidad desde la ciudad, que fue la primera del mundo. Dieciséis grandes reinos yoruba, cada uno liderado por descendientes conocidos como Obas (reyes), surgieron del linaje de Oduduwa. Uno de los descendientes de Oduduwa, Oranmiyan, jugó un papel crucial en la historia Yoruba al expandir la influencia Yoruba. Alrededor del año 500 a. C., Oranmiyan abandonó Ile Ife y fundó el poderoso Imperio Oyo al norte. La leyenda dice que un adivino venerado lo guió y una serpiente sagrada lo condujo al sitio de Oyo. El Imperio Oyo se convirtió en una fuerza importante en África occidental, conocida por su fuerza militar, administración avanzada y prosperidad económica. Sin embargo, a mediados del siglo XVIII, el poder de Oyo disminuyó debido a los conflictos internos y al impacto de la trata europea de esclavos, que esclavizó a millones de africanos y provocó una disminución de su población.

¿SABÍAS?

Alrededor del año 400 d.C., Oyo saltó a la fama en Yorubaland, con una notable migración desde Ile Ife que fortaleció su ejército.

Entre 500 d.C. y 1500 d.C., la civilización Yoruba prosperó, con Ile Ife y Oyo como importantes centros culturales y de gobierno.

En los siglos XV y XVI, la trata transatlántica de esclavos comenzó con la llegada de los europeos a la costa de África occidental.

* * *

LA TRATA DE ESCLAVOS

La expansión de la cultura Yoruba a América a través de la trata transatlántica de esclavos se produjo entre los siglos XV y XVII. Durante este período, más de cuatro millones de personas fueron vendidas como esclavas y llevadas al Caribe y otras partes de América desde Nigeria y otras regiones de la costa de África occidental. Muchos no sobrevivieron al viaje a través del océano y perecieron en las profundidades de sus aguas. Muchas de las personas que sobrevivieron enfermaron gravemente debido a la desnutrición y las enfermedades una vez que llegaron a las costas de las islas del Caribe. Existe hoy la creencia, como la hubo en el pasado, de que los Orishas protegían a aquellos antepasados que cruzaron el Atlántico. Lamentablemente muchos perdieron la vida en el viaje a través del océano, pero también se cree que estos ancestros están custodiados por los Orishas que gobiernan el vasto Océano. Muchos creen que los Orishas todavía los protegen hoy de la actual opresión que enfrentan en los tiempos modernos.

La llegada a América Los Yoruba, como muchos otros africanos, se encontraron en una tierra muy extraña una vez que llegaron, con una cultura, un idioma y un sistema de creencias extraño con el que no estaban totalmente familiarizados. No sabían dónde estaban ni entendían a sus captores europeos. Los Yoruba, al igual que otros pueblos de África occidental traídos a América como esclavos, lucharon por mantener viva la poca identidad que tenían de sus países de origen. Los dueños de esclavos en el nuevo mundo, por otra parte, hicieron todo lo posible para librar a los africanos de su propia cultura. Obligaron a los esclavos a convertirse en cristianos y les prohibieron hablar sus lenguas nativas o practicar su espiritualidad nativa. Los traficantes de esclavos llegaron incluso a separar y mezclar a personas de diferentes lugares para evitar que pudieran reconocerse entre sí en el mismo lugar. Esto se hizo intencionalmente para evitar relaciones culturales o lingüísticas entre los cautivos esclavizados. Lo que los europeos no supieron reconocer es que había algo en común entre todos los africanos, independientemente del idioma regional que hablaran o de su zona de procedencia. Este punto en común se encontró en la forma en que honraban a los espíritus de la naturaleza.

SINCRETISMO RELIGIOSO Y CULTURAL

El sincretismo surgió de la combinación de tradiciones y creencias entre los nativos africanos y las culturas dominantes de los europeos y los nativos americanos en el Nuevo Mundo. La tradición espiritual de los Orisha, que abarca diversas formas como la santería, el candomblé, Ifá, la umbanda, la Trinidad Orisha o, como se la conoce en Yoruba, Ìṣẹ̀ṣe ("tradición"), sorprendentemente todavía prospera en las aldeas rurales de Nigeria hoy en día, a pesar de la presencia de cristianos y Misioneros musulmanes. Esta resiliencia subraya el legado duradero del pueblo Yoruba. Tradiciones similares se han extendido al Caribe, América del Norte, del Sur y Central debido a la trata transatlántica de esclavos y la presencia del pueblo Yoruba en estas regiones. Estas tradiciones de la diáspora no son puramente Yoruba; combinan prácticas espirituales Yoruba con otras influencias culturales presentes en las regiones donde se desarrollaron estas tradiciones. Estas influencias incluyen el catolicismo, las prácticas espirituales indígenas, el espiritismo y otras creencias y prácticas traídas de varias regiones de África, como las tradiciones congoleñas del Congo y el vudú de Dahomey. Un ejemplo notable de esto se puede encontrar en Cuba, donde los santos católicos se han integrado con las deidades Yoruba Orishas, como se demuestra en la siguiente lista de Orishas y sus equivalencias de santos católicos:

- **Agayu** está sincronizado con San Cristóbal.
- **Elegguá** se sincroniza con San Antonio de Padua.
- **Ogun** se sincroniza con San Pedro.
- **Obatalá** se sincroniza con Nuestra Señora de la Merced.
- **Shangó** se sincroniza con Santa Bárbara.
- **Oshun** se sincroniza con Nuestra Señora de la Caridad.
- **Yemayá** se sincroniza con Nuestra Señora de Regla.
- **Orunmila** está sincronizado con San Francisco de Asís.
- **Babalu** Aye está sincronizado con San Lázaro.
- **Oyá** se sincroniza con Santa Teresa.
- **Osun** se sincroniza con Nuestra Señora de la Caridad.
- **Ochosi** se sincroniza con San Norberto.
- **Osain** se sincroniza con San José.
- **Aggayu** se sincroniza con San Cristóbal.
- **Nana** Buruku está sincronizada con Santa Ana.
- **Yewa** se sincroniza con Santa Clara de Asís.
- **Erinle** está sincronizada con San Sebastián.
- **Ibeji** se sincroniza con los Santos Cosme y Damián.

✳ ✳ ✳

Es crucial reconocer que las asociaciones entre Orishas y santos católicos en la práctica de la Santería/Lucumi en Cuba pueden diferir entre practicantes y regiones. Otro ejemplo de sincretismo es la mezcla de las creencias Yoruba con las creencias nativas americanas. Por ejemplo, el uso de humo de tabaco y maíz como ofrendas a los Orishas y el homenaje al árbol *'Ceiba Pentandra'*, tradicionalmente venerado por las tribus nativas Arawak que residen en el Caribe. Estos elementos se fusionaron con la tradición moderna de la santería.

Una lista de algunas religiones sincréticas africanas

- **Candomblé**: Originario de Brasil, el candomblé se centra en el culto a los Orixás, deidades que representan diversos aspectos de la naturaleza y la vida humana. Incorpora elementos de las religiones yoruba, fon y otras religiones de África occidental.
- **Santería o Lukumi**: También conocida como Regla de Ocha, la santería es una religión sincrética que se originó en Cuba. Se centra en el culto a los orishas, deidades que representan diversos aspectos de la naturaleza y la vida humana e incorpora elementos de la religión Yoruba.
- **Vudú**: También conocido como vudú, el vudú es una religión sincrética que se originó en Haití. Se centra en el culto a los loas, espíritus que representan diversos aspectos de la naturaleza y la vida humana e incorpora elementos de las religiones de África occidental.
- **Umbanda**: Originaria de Brasil, la Umbanda combina elementos de creencias africanas, indígenas y cristianas. Se centra en el culto a los orishás.
- **Ifá**: Ifá es un sistema de adivinación y práctica religiosa que se originó en el pueblo Yoruba de Nigeria y Benín. Se cree que IFA es un Oráculo de adivinación compuesto por grandes conjuntos de versos e historias sagrados llamados Odus. Los sacerdotes conocidos como Babalawos interpretan los mensajes utilizando el oráculo de adivinación sagrado que crea un patrón específico cuando se lanza. El patrón que se crea apunta a un Odu específico dentro de la tradición IFA. Ifá forma parte de la tradición religiosa Yoruba tanto en África como en el Nuevo Mundo.
- **Palo Mayombe**: Palo Mayombe es una religión afrocubana con orígenes en la región del Congo en África Central. Se centra en la veneración de espíritus conocidos como Nkisi o Mpungo, que representan diversos aspectos de la naturaleza y la vida humana. Palo Mayombe implica el uso de objetos naturales que se consideran sagrados. Las prácticas de Palo Mayombe incluyen rituales, medicina herbaria e invocación de espíritus.

- **Shangó**: Shangó, una tradición sincrética de base Yoruba que se originó en Trinidad y Tobago, se centra en la adoración de Shangó, un Orisha Yoruba asociado con los truenos y los relámpagos. Incorpora elementos de creencias africanas, indígenas y cristianas.

DEL CONFLICTO A LA MODERNIZACIÓN

Entre los años 1600 y 1800, los Yoruba se vieron envueltos en guerras y conflictos persistentes con reinos y tribus vecinos, lo que dio forma a la dinámica de la región. En la década de 1860, las fuerzas coloniales británicas habían afirmado un control total sobre lo que hoy es Nigeria, alterando fundamentalmente la estructura de gobierno de una realeza tradicional a una administración colonial. Este dominio colonial persistió durante un siglo hasta que Nigeria finalmente obtuvo su independencia en 1960. Sin embargo, las secuelas del colonialismo presentaron nuevos desafíos al pueblo Yoruba. A partir de la década de 1990, se enfrentaron a la doble tarea de preservar su rico patrimonio cultural y al mismo tiempo adaptarse á las demandas de una sociedad globalizada y en rápida modernización. Este período marcó una coyuntura significativa en la historia Yoruba, caracterizada por una lucha continua por la identidad frente a profundos cambios sociopolíticos.

En conclusión, obtener una breve comprensión de la historia Yoruba no sólo es valioso para comprender la espiritualidad de los Orisha sino también para captar las diversas influencias que han dado forma a su evolución. La espiritualidad Yoruba está profundamente arraigada en el tejido cultural, social e histórico del pueblo Yoruba. Al profundizar en los acontecimientos históricos, las prácticas culturales y las estructuras sociales, podemos desentrañar la importancia y el significado detrás de varios conceptos espirituales, rituales y deidades. Por ejemplo, el conocimiento de la historia Yoruba ilumina los orígenes de tradiciones espirituales clave, como el culto a los Orishas, y arroja luz sobre sus roles dentro de la sociedad Yoruba.

Además, acontecimientos históricos, como el establecimiento del Imperio Oyo o el impacto del colonialismo, pueden haber influido en la trayectoria de las prácticas espirituales Yoruba a lo largo del tiempo. Comprender la historia Yoruba también ofrece información sobre la resiliencia y adaptabilidad de la espiritualidad Yoruba frente a presiones externas. Nos permite apreciar las complejidades y matices de las tradiciones espirituales Yoruba, reconociéndolas como sistemas dinámicos que han evolucionado en respuesta a contextos históricos y sociales cambiantes. En esencia, una breve comprensión de la historia Yoruba sirve como un camino hacia la iluminación espiritual, permitiéndonos apreciar las intrincadas conexiones entre el pueblo Yoruba, su historia y sus creencias espirituales.

* * *

CAPÍTULO 2
EL CONCEPTO YORUBA
DE DIVINIDAD

EN ESTE CAPÍTULO discutiremos más a fondo algunos conceptos básicos que se encuentran en la cosmología yoruba. Según los yoruba, venimos a la tierra para cumplir un destino que elegimos para nosotros en el cielo. Durante nuestro tiempo aquí, enfrentamos continuas pruebas que nos ayudan a desarrollar y acumular espiritualmente "Ase" o "Ashe" (pronunciado Ah-Shay), que significa poder o mando. Los yoruba también creen que cada persona tiene un propósito único, elegido en los cielos antes de nacer. La vida terrenal es una oportunidad para crecer espiritualmente y convertirnos en la mejor versión de nosotros mismos. A través de los desafíos de la vida, obtenemos Ase, una fuerza espiritual que nos permite controlar nuestros propios destinos.

Los yoruba describen a Ase como el poder mágico que Dios le dio a los Orishas para ayudar a crear el universo. Dios es considerado Ase puro. Este poder se puede recolectar y acumular, y los devotos de Orisha creen que se puede adquirir consultando a los Orishas a través de la adivinación, siguiendo el destino elegido, practicando el buen carácter (Iwa Pele), evitando tabúes y realizando los sacrificios necesarios (Ebos) para realinear la vida. si por supuesto. Estas prácticas ayudan a acumular más Ase. Este poder, otorgado a los Orishas por Dios, luego se otorga a los humanos y a los animales para que realicen acciones justas. Mantener y acumular Ase es crucial para el bienestar espiritual. El comportamiento inadecuado puede llevar a la pérdida de este poder, lo que resulta en enfermedades o pérdida de bendiciones. Ase impregna todos los aspectos de la creación y funciona como moneda espiritual tanto en 'Aye' (tierra) como en 'Orun' (cielo). La palabra Ase se usa a menudo al final de oraciones o rituales para sellar su poder, como decir "amén" en las tradiciones abrahámicas. A través de la adivinación y el Ebo, los Orishas brindan guía y coraje para superar las dificultades de la vida, asegurando el equilibrio natural y la justa distribución de Ase. Los yoruba creen en la responsabilidad personal por las propias acciones. Los Orishas, creados por Olodumare, ayudan a gobernar y mantener el universo, guiando a los individuos a vivir correctamente y acumular Ase para el crecimiento y el equilibrio espiritual.

EL CONCEPTO YORUBA DE DIOS

El pueblo yoruba se refiere a Dios con tres nombres diferentes: Olodumare, Olorun y Olofin. Estos nombres representan varios aspectos de la naturaleza y las manifestaciones de Dios.

OLODUMARE

Olodumare es a menudo visto como el Dios supremo, la fuerza creativa del universo y el poseedor de todo Ashe (poder espiritual). Olodumare decide cómo se distribuye Ashe y es visto como distante de la humanidad, ni hombre ni mujer, y el dueño último del universo. Como autor eterno del tiempo, Olodumare es el creador de la virtud, la moralidad y la ley natural, que los Orishas hacen cumplir para mantener el equilibrio. Al respetar las leyes de Olodumare y practicar Iwa pele (buen carácter), los humanos honran a Dios, trayendo equilibrio y bendiciones a sus vidas a través de la concesión de Ashe. Practicar Iwa pele es la forma más directa de adoración a Olodumare. Mientras que Olodumare otorga libre albedrío a los humanos, los Orishas, que mantienen el equilibrio natural, no tienen libre albedrío total y pueden castigar a los humanos por violar las leyes divinas. Olodumare gobierna el destino de todos los seres, actuando como el maestro arquitecto del universo.

OLORUN

Olorun es el aspecto de Olodumare que gobierna el cielo y el más allá. Los humanos experimentan este aspecto sólo después de la muerte y no adoran a Olorun directamente. El nombre "Olorun" significa gobernante de Orun (cielo) y a menudo se asocia con el sol, particularmente en tradiciones yoruba como la santería y el candomblé. Olorun creó el mundo y al Irunmole, gobernante del destino y conocido como "Oba-Orun" (rey del cielo).

Olofin representa el aspecto de Dios que gobierna la creación y el Ashe dentro de ella. Este aspecto permite que ocurran eventos y se manifiesten en el universo. Olofin otorga permiso para todos los acontecimientos y gobierna sobre el Ìmólè (Fuerzas de la Naturaleza) y todos los seres en el mundo físico.

NUESTRA RELACIÓN CON LOS ORISHAS

Los Orishas podrían ser vistos como aspectos de Olodumare e intermediarios entre nosotros y Olodumare. Esta relación tampoco se considera unilateral, sino de pacto mutuo en el que el hombre acepta ofrecer ofrendas y honor a cambio de ayuda. Se dice que hay 400 más un Orishas de un lado de Olodumare y del otro lado 400 más un Ajogun o fuerzas demoníacas destinadas a engañar a los seres vivos. El más uno después de 400 simboliza que hay una continuación de nuevos Orishas que surgen en función de un nuevo ser elevado al estado de Orisha o uno que se crea. Lo mismo ocurre con las entidades demoníacas. Sin embargo, las entidades demoníacas han acumulado tantas malas acciones que tienden a renacer en un estado de espíritu de naturaleza destructiva. Estos espíritus de la naturaleza están controlados por los Orishas. La palabra Orisha proviene de dos palabras: Ori, que significa cabeza y "sa", que significa mayor o guardián. El término Orisha puede entenderse como cabeza mayor o sabia.

¿QUIÉNES SON LOS IRUNMOLE?

El término "Irunmole" se traduce como lo que llamaríamos "seres primordiales". Los irunmole son considerados seres primordiales creados por Olodumare antes de que existiera el mundo. Se cree que ayudaron a Olodumare en la creación del universo y se les considera entidades divinas antiguas y poderosas. Irunmole abarca una categoría más amplia de seres primordiales o espíritus divinos en la cosmología yoruba. Son los Orishas originales que existieron desde la creación del mundo y ayudaron a Olodumare en su formación. Los Orishas Non Irunmole a menudo se asocian con narrativas históricas o míticas específicas y se cree que se originaron a partir de diversas fuentes, incluidos espíritus ancestrales, héroes culturales y fenómenos naturales. Algunos Irunmoles notables incluyen: Obatala, Orunmila, Ogun, Yemoja, Oshun, Sango y Esu:

- **Obatalá**: Es venerado como el padre de todos los Orishas y encarna la pureza, la sabiduría y la creación. A menudo se le representa vestido de blanco, empuñando un bastón y una hoja de palma.
- **Orunmila**: Sirve como el Orisha de la sabiduría, la adivinación y el destino, guiando a los creyentes a través del oráculo de Ifá con su cadena y bandeja de adivinación.
- **Ogun:** Conocido como el Orisha del hierro, la guerra y la tecnología, se lo representa como un poderoso guerrero empuñando un machete o espada, que representa las herramientas, la industria y el trabajo del metal.
- **Yemoja**: La Orisha del océano, la maternidad y la fertilidad, es venerada como protectora de las mujeres y los niños, simbolizada por las conchas, los peces y la luna creciente.
- **Oshún**: Asociada al amor, la belleza y la prosperidad, se la representa adornada en oro y simboliza la fertilidad, la sensualidad y la abundancia a través de espejos, abanicos y miel.
- **Sango**: Representa el trueno, el relámpago y el fuego, encarna el coraje, la fuerza y la justicia, a menudo representado con un hacha de dos puntas en medio de llamas.
- **Esu:** También conocido como Elegua, sirve como el Orisha de las encrucijadas, la comunicación y el engaño, facilitando la comunicación entre los reinos humano y divino como guardián de los caminos

* * *

Los Irunmole son muy respetados dentro de la espiritualidad yoruba y son honrados por su poder y capacidad para influir en el mundo natural. A menudo se les invoca en oraciones y rituales y se les busca como guía. Más allá de dar forma al mundo, se les atribuye el mérito de impartir conocimientos esenciales como la agricultura, la medicina y las artes a la humanidad en la Tierra.

Érase una vez, se creía que el cielo y la tierra existían como un reino interconectado, visible y accesible para los humanos. La gente podía atravesar libremente entre los dominios celestial y terrenal, atravesando un velo. Sin embargo, con el paso del tiempo, la codicia contaminó los corazones de la humanidad. Se acercaron al reino celestial con impureza y falta de respeto, enojando a Olorun, el gobernante divino. Después de soportar esta falta de respeto por un tiempo, Olorun ordenó a Eshu, el Orisha de la encrucijada, crear una división entre los dos mundos usando un oscuro abismo. A partir de entonces, los humanos sólo pudieron atravesar reinos mediante el renacimiento.

El concepto de Dualidad Sagrada en la espiritualidad Yoruba reconoce la interconexión de los reinos físico y espiritual, un reflejo de la dualidad dentro de nosotros. Enfatiza que las acciones en un ámbito pueden afectar al otro, enfatizando la importancia del equilibrio y la armonía. Esta interconexión se demuestra a través de rituales como ofrecer comida a los antepasados, creyendo que ellos, a su vez, nos apoyan y guían. Se cree que la comunicación con Orishas, ancestros y espíritus a través de la adivinación, la oración y el sacrificio trae Ase, o poder espiritual. Mantener el equilibrio es crucial para el correcto funcionamiento de ambos reinos; las interrupciones pueden provocar enfermedades o desgracias. Así, la religión Yoruba enfatiza la necesidad del equilibrio y la armonía para garantizar el bienestar tanto en el mundo físico como en el espiritual.

* * *

CAPÍTULO 3
LOS ORISHAS

EN LA RELIGIÓN yoruba existen poderosas deidades conocidas como
Orishas. El término "Orisha" se compone de dos partes: "Ori", que significa cabeza, y "-sha", que significa guardián. Juntos, se traducen aproximadamente como "guardianes de la cabeza". Como exploramos en capítulos
anteriores, los Orishas sirven como intermediarios entre la humanidad y
el dios supremo, Olodumare. Tradicionalmente, Olodumare se percibe
como distante de los humanos y del mundo, lo que lleva a la creencia de
que los Orishas fueron creados para supervisar el mundo en nombre de
Olodumare. Sin embargo, algunas tradiciones espirituales yoruba ofrecen
una perspectiva diferente, viendo a Olodumare como la conciencia omni-
abarcante de la creación, que incluye a los propios Orishas, en lugar de
una entidad distinta.

EL DÍA EN QUE LOS PODERES CAYERON DEL CIELO

A medida que el universo se expandía, los Orishas buscaban controlarlo. Para
resolver su rivalidad, Olodumare decretó: Los poderes caerán como semillas
esparcidas. Quien los atrape primero reinará, El más fuerte se alzará, los demás
quedarán. Orunmila anunció el día señalado, Los Orishas se reunieron, ansiosos
por jugar. Desde los cielos, los dones llovieron, Y los Orishas corrieron por el suelo
para atraparlos. Algunos fueron veloces, otros se quedaron atrás, Pero cada uno
recibió lo que el destino le asignó. Así quedaron establecidos sus poderes, Cada
Orisha, con un abrazo divino.

$$* * *$$

En conexión con la historia, todos los practicantes de Orishas están de
acuerdo en que los Orishas tienen la responsabilidad y el poder de supervisar la creación de Olodumare. Existen para garantizar que las leyes de la
naturaleza y del equilibrio se respeten y se mantengan en su lugar. Los

yoruba creen que todo en el universo se rige por relaciones de causa y efecto, incluidas nuestras acciones, y que cada interacción que realizamos es un intercambio de energía que cambia el equilibrio universal en cada momento.

Los Orishas poseen el poder de guiar, proteger, bendecir e incluso castigar, si es necesario, y trabajan para restablecer constantemente este equilibrio. Sus poderes para castigar o bendecir tienden a permanecer dentro de los límites de nuestras acciones aquí en la tierra, así como de nuestro alineamiento con nuestro destino. Esencialmente, lo que ponemos en el universo a través de nuestras acciones lo recuperamos. Este concepto es como la ley del Karma que creen muchas filosofías orientales. También se entiende que cada Orisha tiene su propia asociación distintiva con diversos fenómenos naturales, su personalidad única, objetos sagrados, símbolos, colores y alimentos, así como varios tabúes. Estos rasgos suelen verse reflejados en la naturaleza, la cual se asocia con diversos Orishas. Al honrar y celebrar a los Orishas, podemos conectarnos con Olodumare y las fuerzas de la naturaleza, adquiriendo información sobre cómo vivir una vida plena. Los Orishas representan una fuente de orgullo y una conexión con la herencia africana, y su adoración y celebración sirven como un medio de resistencia y preservación cultural. Los Orishas son accesibles a todos, sin importar el estatus social, y nos guían en un viaje espiritual hacia el cumplimiento de nuestro destino.

* * *

DESCRIPCIONES DE LOS ORISHAS MÁS COMUNES EN EL SISTEMA DE CREENCIAS YORUBA

A continuación se muestra una lista de los Orishas que son honrados con mayor frecuencia dentro de la cultura yoruba, así como en las tradiciones espirituales de la diáspora. Cada Orisha va acompañado de una descripción para ayudar a comprender mejor su significado.

AGANJÚ

Aganju es una deidad estrechamente relacionada con el Orisha Shangó, y en tierra yoruba, a menudo se le ve como uno de los reyes históricos del Imperio Oyo. También se le asocia con San Cristóbal, cuya fiesta es el 25 de julio. Su nombre proviene de la palabra yoruba "Aganju", que significa desierto, y se le considera gobernante de terrenos donde muy poca vida puede sobrevivir, como volcanes, desiertos, cuevas y picos de montañas. Aganju también está asociado con el fuego y la lava y ayuda a quienes lo honran a superar las dificultades de la vida. Les da a sus devotos la fuerza para perseverar en tiempos difíciles y los ayuda a salir victoriosos. Se cree que Aganju ayudó a los africanos esclavizados a sobrevivir la esclavitud y derrotar a sus opresores, y también ayuda a los viajeros a llegar a sus destinos de manera segura. Comúnmente se le invoca en momentos en los que se necesita fuerza, estabilidad y conexión a tierra, así como en momentos en que la transformación y el cambio son necesarios para la supervivencia. Se cree que Aganju es la fuerza de transformación y cambio.

AJE

El Orisha de la riqueza y la prosperidad. Se la asocia con la abundancia, la buena fortuna y el poder de manifestación. Sus atributos incluyen la prosperidad financiera, la concha de cauri, el comercio y la abundancia material. También se la asocia con la tierra y la fertilidad, así como con la energía y la intuición femenina. En algunas tradiciones, se cree que Aje es una sanadora sabia y poderosa, y a menudo se invoca su energía para obtener bendiciones relacionadas con el dinero, el éxito empresarial y la buena suerte en general. Las ofrendas incluyen palomas, flores, vaso de agua, joyas, conchas de cauri, dinero, incienso y velas.

AYANGALÚ

Se cree que este Orisha fue el primer tamborilero y tocaba lo que se conoce como tambor parlante. El tambor parlante se toca comúnmente en ceremonias y celebraciones yoruba. Es una parte crucial de la cultura y la vida espiritual yoruba. Se cree que Ayangalu habla a través de los tambores al poseer a los tamborileros. Los patrones que forma el tambor pueden ser interpretados por sus iniciados.

BABALU-AYE

Babalú-Aye es el espíritu de la Tierra y está asociado tanto con enfermedades infecciosas como con curación. Babalú-Aye gobierna la enfermedad y puede tanto curar como causar enfermedades. Está conectado con iku/muerte. Se le considera la fuerza de la naturaleza responsable de provocar y curar enfermedades. Comúnmente se le ofrece grano. Se le asocia con piedras marrones, como el jaspe y el ojo de tigre, y con la arcilla marrón natural utilizada para hacer cerámica. Las ofrendas incluyen aceite de palma, cabras, palomas y gallos.

DADA

Dada es la hermana mayor de Shangó, mientras que otros la consideran conectada con Obatalá. Dada es a menudo venerado como el Orisha de la maternidad, la fertilidad y el bienestar de los fetos. Se cree que desempeña un papel crucial en el desarrollo y la crianza del embrión humano. Este Orisha es uno de los Orishas menos conocidos pero está fuertemente asociado con la fertilidad y el parto y es ampliamente reconocido como símbolo de la maternidad y el cuidado amoroso de los niños. Además, algunos ven a Dada como la encarnación del poder de la fertilidad y el ciclo de la vida, incluido el proceso continuo de nacimiento y renacimiento después de la muerte.

ERINLE

Erinle, también conocida como Inle, es una Orisha asociada a la salud, la medicina, la caza y el estero donde el mar se encuentra con el agua dulce. Erinle/Inle es a menudo considerado el patrón de las personas homosexuales y transgénero y está sincretizado con el Arcángel Rafael en la diáspora. Se le representa como un guerrero y cazador fuerte y andrógino adornado con conchas de cauri, coral y plumas, con serpientes a su alrededor. Es la deidad de la salud y la medicina, el médico de todas las demás deidades y el cazador de la tierra y el mar. Como curandero y médico experto que emplea medicina herbaria, se le considera un Orisha que protege a las personas sordas y lesbianas, gays, bisexuales y transgénero. A menudo los médicos y otros tipos de curanderos dentro de la tradición Orisha lo invocan para protección y curación. Su santuario suele estar formado por piedras procedentes del río Erinle. Las ofrendas incluyen conchas, pescado, palomas, pintadas, diversas flores y hierbas, un vaso de agua y velas.

ESU/ELEGUA

En la espiritualidad Yoruba Orisha, Esu es un Orisha muy importante. Se cree que es el mensajero entre Dios y todos los demás Orishas y también es conocido como el dueño de todos los caminos y senderos. En ceremonias y rituales es importante primero honrar a Esu antes de seguir adelante, ya que él es quien entrega los sacrificios a Dios y a los demás Orishas. Esu también es considerado un equilibrador divino y un embaucador que podría abrir puertas para la comunicación con el mundo espiritual. A menudo se le representa sosteniendo un juego de llaves que le fueron dadas por Dios y se dice que tiene el poder de ver el pasado, el presente y el futuro. Las ofrendas incluyen machos cabríos, harina de maíz, cigarros, maíz tostado, cocos, gallos, aceite de palma, nueces de cola, palomas, alcohol fuerte, una taza de café, velas, un vaso de agua, incienso y tabaco, por nombrar algunos. Elegua a veces es visto como un Orisha diferente pero es un camino de Esu conocido como Esu-elegbara. Esu es a menudo visto como un embaucador que a menudo adopta muchas formas y apariencias diferentes. A veces toma la forma de un niño, mientras que otras veces puede aparecer como un anciano. Esu a menudo desempeña muchos roles diferentes y a menudo se manifiesta según el papel que desempeña dentro del cosmos. Esu puede abrir y cerrar puertas; él es quien tiene las llaves de todas las puertas. También es capaz de facilitar la comunicación con el mundo de los espíritus y entregar ofrendas a las otras divinidades. Las piedras naturales asociadas a este Orisha son el jaspe, el ónix negro, el granate rojo y la piedra Yangi. Los tabúes de Eshu incluyen silbar a su alrededor y usar malas palabras a su alrededor.

IBEJI

El Ibeji o Jimaguas es el Orisha de los gemelos divinos. Los gemelos son considerados sagrados para los yoruba. Se dice que los gemelos están conectados y si uno fallece antes que el otro, esto podría afectar al gemelo vivo. Se cree que los gemelos tienen una conexión espiritual muy especial.

Después de la muerte de uno de los gemelos, se talla una estatua de madera para que la madre y el otro gemelo puedan honrar el espíritu del gemelo fallecido. Los gemelos representan la dualidad y el equilibrio entre lo masculino y lo femenino, así como dentro de la naturaleza. El primogénito a menudo se llama Taiwo, que significa "sabor de la vida", y el segundo gemelo, Kehinde, que significa "el último". Las estatuas de Ibeji suelen venir en parejas, una masculina y otra femenina. Pataki nos cuenta los orígenes de los Ibeji cuando Oshun los dio a luz y temía ser ridiculizada porque los gemelos eran poco comunes. Ella negó ser su madre. Los Ibeji fueron acogidos por Oyá y luego se fueron a vivir con Yemayá. Se dice que quien reciba el Ibeji será bendecido por él. Es común en la diáspora entregar este Orisha al inicio o para protección. Las ofrendas incluyen un vaso de agua, frutas, dulces, pasteles y golosinas, juguetes y velas, entre otros. Un tabú entre los Ibeji es que siempre hay que alimentarlos a ambos juntos.

IROKO

Un espíritu que habita en el árbol de Iroko, Milicia Excelsa en África, y en la ceiba o árbol del algodón de seda en la diáspora. Se cree que los espíritus pueden descansar bajo las ramas de la ceiba por los pueblos indígenas nativos del Caribe. Cuando llegaron los africanos, vieron el árbol de Ceiba como otra variación del árbol de Iroko que sólo existía en África. Se cree que si se tala la Ceiba o la Milicia Excelsa africana puede traer grandes desgracias a toda la comunidad.

NANA BULUKU

Ella pueblo Fon la adora comúnmente en Benin y Dahomey. Se la considera la diosa suprema que dio a luz a Mawu y Lisa en muchos linajes vudú. En la diáspora yoruba, a menudo se la honra como un aspecto femenino de Olodumare. Sus símbolos son la luna y la tierra. Es vista como la abuela sabia de toda la vida así como de todos los Orishas, vinculada a los aspectos de lo divino femenino: la doncella o joven, la madre o mediana edad, y la abuela o anciana. Todos los seres vivos comienzan su vida al nacer, luego pasan a la juventud, la maternidad, la vejez y finalmente fallecen. Se dice que este ciclo de crecimiento y transformación es lo que gobierna Nana. También se la asocia con la fertilidad, la estabilidad y la abundancia de la tierra.

. . .

OBA

Era considerada la mayor de las esposas del Orisha Shangó. La historia dice que fue engañada para que le cortara la oreja y se la diera a Shangó para someterlo a un hechizo de amor debido a la rivalidad con las otras esposas de Shangó, Oyá y Oshún. Era Oshún quien era la esposa favorita de Shangó; sin embargo, Oshun se llenó de celos por Oba debido a que ella era la mayor de todas las esposas. Se decía que sus descendientes heredarían la corona. Ella le dijo a Oba que, de hecho, se cortó un trozo de oreja y se la dio de comer muchos años antes, y por eso se convirtió en su favorita. Siguiendo el consejo de Oshun, Oba decidió hacer esto y le cortó toda la oreja. Cuando Shangó se enteró, se enfureció con Oba y la descartó como una de sus esposas. Por pena, se dice que se convirtió en lo que hoy es el río Oba ubicado en Nigeria. Ella gobierna el matrimonio y las relaciones. Las ofrendas incluyen palomas, cabras y un vaso de agua.

OBATALA

Obatalá es a menudo representado como el padre de todos los Orishas y se asocia con el color blanco, que representa la pureza. Obatalá es considerado como la fuerza creativa del universo. Se dice que descendió de los cielos en una cadena, llevando consigo todos los elementos necesarios para crear el mundo y la humanidad. A menudo se le representa como un anciano sabio vestido con una túnica blanca, que posee un bastón y una corona. Se cree que Obatalá es quien moldea al niño en el útero. Al principio, se cuenta que fue puesto a cargo de crear seres humanos, pero mientras los moldeaba, se emborrachó con vino de palma, lo que provocó que los humanos se deformaran al crearlos. Aunque este fue el caso, todavía se cree que Obatalá es la fuente de todo lo que es justo, pacífico, sabio, compasivo y armonioso en el universo, y gobierna sobre la limpieza. A menudo, sólo se le ofrecen como ofrenda cosas blancas y puras. Sus lugares sagrados dentro de la naturaleza son las colinas, los lugares de gran elevación y las montañas. Estos lugares son a menudo donde se le dejan ofrendas. A menudo conocido como el Orisha de la tela blanca, su color preferido es el blanco. Ayuda a hacer cumplir la justicia en el mundo. Obatalá es considerado de género fluido, siendo algunos de sus caminos masculinos mientras que otros son femeninos. También gobierna sobre todas las cabezas humanas y determina lo que se considera bueno y no bueno en el mundo. Uno de sus símbolos es el caracol, y como el caracol es una de las criaturas más lentas para moverse, Obatalá enseña a sus seguidores la importancia de la paciencia en la vida y la importancia de la autodisciplina. Sus hijos no consumen alcohol ni drogas que alteren la mente; estas cosas son tabúes para ellos. Varias piedras asociadas con él son la piedra lunar, el cuarzo blanco, el cuarzo transparente, la plata, el plomo y el ópalo. Las ofrendas incluyen cabras blancas, palomas, palomas blancas, algodón, coco, cascarilla, manteca de cacao, arroz, alimentos blancos, flores y velas, telas blancas, caracoles, monedas de plata, joyas de plata y peras. Los tabúes de Obatalá incluyen la sal, el vino de palma y el aceite de semilla de bálsamo negro.

ODUDUWA

El pueblo yoruba considera a Oduduwa como una figura histórica y un Orisha. Sirvió como el primer rey u Ooni del imperio yoruba, gobernando la ciudad-estado de Ife, que es donde se originó el imperio yoruba. También se cree que es la primera ciudad del mundo. Muchos yoruba creen que Oduduwa les enseñó la religión Orisha y jugó un papel crucial en la creación del mundo y de los seres humanos. Como resultado, se le considera el padre de todo el pueblo y la civilización yoruba, y se le venera como un rey y Orisha sabio y poderoso. Según la mitología yoruba, Oduduwa descendió del cielo en una cadena hasta la tierra en el momento de su creación. A menudo se le ve como el Orisha que estableció el liderazgo de los reyes y el orden social en la tierra por parte de quienes lo honran.

OGUN

Ogun es uno de los Orishas más populares de la religión yoruba. Es venerado en la tradición yoruba y en otras tradiciones, como en el vodun, como Ogou. Es conocido por gobernar la guerra, el hierro, la caza y la agricultura, y sus seguidores a menudo rezan por su protección cuando se dirigen al campo de batalla. Ogun es visto como un guerrero, un tallador de madera y un herrero y gobierna estas profesiones. A menudo se le representa con un gran machete en la mano y se le asocia con la fuerza y la resistencia, así como con la transformación que uno atravesaría como guerrero o en la vida al superar obstáculos o desafíos y salir victorioso. El hierro es considerado uno de sus símbolos más sagrados. También se le asocia con perros. En ocasiones sus devotos le dejan ofrendas en las vías del tren. Las ofrendas incluyen lo mismo que Eshu: chivos, gallos, palomas, aceite de palma, ñame, ron, plátanos, guinea, pimiento rojo, agua, alcohol, hierro, baratijas y joyas de metal, velas, por nombrar algunas. Se considera que Ogun gobierna el dominio de la tecnología y se cree que enseñó a la humanidad cómo usarla. También se cree que durante la creación del mundo, Ogun despejó el camino con su machete en el camino de bajada a la tierra para que los demás Orishas pudieran ingresar al mundo. Sus colores suelen ser el negro y el verde. Las piedras naturales asociadas a este Orisha son el hierro, meteoritos, hematita, magnetita, pirita debido a las altas concentraciones de hierro en todas estas piedras. Un tabú con Ogun es ofrecerle Adin Dudu o aceite de palmiste negro.

OKE

A menudo se le asocia con el Orisha Obatala, donde se dice que estos dos Orishas son inseparables. Se le asocia con montañas, picos y lugares extremadamente altos del mundo natural. Se cree que tiene una tez clara y se sabe que vigila el mundo y a los demás Orishas. Los viajeros le rezan para que los proteja en su viaje. A veces está presente con Obatalá durante las ceremonias de coronación e iniciación. La palabra Òké se traduce como cima o punto más alto. Se dice que habla a través de Obatalá en adivinación.

OKO

Oko está asociado con la agricultura y la ganadería. Es convocado por agricultores y agricultores. También se le asocia con la tierra y se le considera el Orisha patrón de los agricultores. Está llamado a ayudar a los agricultores a obtener una cosecha abundante. A menudo también se le pide que traiga prosperidad y abundancia a quienes trabajan la tierra. Él nos enseña cómo cultivar los campos de nuestra vida. Las ofrendas incluyen gallos, palomas, frutas y verduras cosechadas por los agricultores.

OLOKUN

Olokun vive en las partes profundas y oscuras del océano cerca del fondo donde se encuentra su palacio. Durante la historia de la creación, Olokun estaba molesto por la idea de tener humanos en la tierra. Después de una competencia que libró con Olorun, aceptó permitir que los humanos habitaran la tierra. Olokun se asocia con inmensa riqueza y prosperidad y encarna la parte más oscura del océano. Su belleza es admirada por todos y trabaja en estrecha colaboración con Yemayá, quien algunos creen que es su hermana. A veces se cree que Olokun está encadenado al fondo del océano para evitar que su ira sacuda la tierra. Los textiles coloridos y las bellas artes a menudo se asocian con ella y con los colores vivos y profundos del océano. Olokun es a veces visto como el dueño de tesoros escondidos y conocimientos mágicos secretos. Las ofrendas incluyen palomas, gallos, conchas y cuentas de colores.

OLORI-MERIN

Olori-merin es considerado el Orisha que rige sobre los cuatro puntos cardinales del universo. Él supervisa mirar y observar el universo y todas las cosas que existen. También gobierna los muchos planos dimensionales que componen el universo. En otras tradiciones se le ha llamado el que gobierna los "cuatro barrios o las cuatro atalayas".

ORUNMILA

Orunmila es un Orisha muy importante en la fe yoruba, especialmente para los Babalawos e Iyanifas, quienes son los sacerdotes y sacerdotisas de Orunmila. Orunmila es visto como el Orisha de la Sabiduría, el Conocimiento y, por supuesto, la Adivinación IFA. Orunmila fue el primer Babalawo cuando caminó sobre la tierra y tomó la forma de un ser humano. Los sacerdotes de IFA invocan a Orunmila por su sabiduría durante el proceso de adivinación de IFA. Los Babalawos (masculino) y las Iyanifas (femenina) son sus sacerdotes y son iniciados en su nombre. Nota: hay muchos sacerdotes en la tradición Orisha que son iniciados en muchos Orishas diferentes. A estos sacerdotes se les conoce comúnmente como Olorishas o Babalorishas (masculino) e Iyalorishas (femenino), pero no son Babalawos o Iyanifas a menos que sean iniciados o "coronados" ante Orunmila. Entonces pueden llamarse Babalawo o Iyanifa. Los Babalawos o Iyanifas podrían coronarse en los misterios de otro Orisha y convertirse en sacerdote de ese Orisha llamado sacerdote Olorisha antes de iniciar a Orunmila y convertirse en Babalawo o Iyanifa. Sin embargo, una vez que inician con Orunmila, a menudo sirven únicamente como sacerdotes de IFA o como Babalawos en ese momento. Orunmila a menudo se asocia con la perspicacia, el conocimiento, la sabiduría y la capacidad de ver el futuro. Mucha gente acude a sus sacerdotes en busca de orientación. Se cree que todos los demás Orishas buscan ayuda de Orunmila y orientación de IFA cuando la necesitan. Se dice que Orunmila es testigo de todos los destinos y participó en ayudar a Olodumare (Dios) en la creación del universo. Algunos dicen que Orunmila es la sabiduría de Olodumare. Las personas iniciadas en él suelen llevar cuentas de colores verde y amarillo o verde y marrón, según la tradición yoruba. Las piedras naturales asociadas con Orunmila incluyen la esmeralda, el ojo de tigre, el jade, el peridoto y la turmalina verde. Las ofrendas también incluyen cabras, palomas, aceite de palma, manteca de karité, ginebra, frutas, miel, pintada de agua, cocos, nueces de cola, incienso, un vaso de agua, velas y harina de maíz. Un tabú con Orunmila es ofrecerle Adin Dudu o aceite de palmiste negro.

OSAIN

Osain, a veces denominado Osanyin, es el Orisha de las hierbas, las plantas curativas y todo lo relacionado con la medicina herbaria. A menudo los sacerdotes Orisha y aquellos que necesitan ayuda para curarse o padecen una enfermedad le piden ayuda. Estas personas suelen acudir a sus sacerdotes en busca de ayuda después de ver a un adivino y a un médico. Osain aparece a menudo como un espíritu o un hombre humano cubierto de enredaderas y hojas, y posee un bastón que lleva consigo. Se cree que Osain conoce las propiedades curativas de todas las plantas, setas y otras sustancias naturales jamás creadas. Tiene el poder de determinar si una planta u otra sustancia natural puede curar una enfermedad o no. También puede cambiar las propiedades de las plantas para hacerlas ineficaces para curar o transformarlas en poderosas medicinas. Su dominio es el bosque, y quienes lo honran suelen ejercer profesiones curativas, incluidos médicos, botánicos, farmacéuticos, herbolarios, curanderos, magos, adivinos y químicos. Algunas ofrendas a Osain incluyen diversas flores y hojas de plantas, tabaco y alcohol. El bastón de Osain, comúnmente llamado su ópera, se utiliza a menudo para bendecir, curar y limpiar.

OSHOSI

Oshosi es considerado el Orisha de la caza, la justicia y la verdad. También vive en el bosque y es el Orisha patrón de los cazadores. Se le pide comúnmente que ayude a lograr la verdad y la justicia en diversos asuntos legales y morales. Muchos recurren a Oshosi en busca de verdad, justicia y protección, especialmente si ha ocurrido una injusticia. Se dice que Oshosi es justo y directo. Se cree que el arco y la flecha de Oshosi nunca fallan en su objetivo. Cuenta la leyenda que Oshosi alguna vez fue humano y fue elevado al estatus de Orisha debido a su sentido de la justicia. Oshosi suele ir a cazar con Ogun. Sus colores son el verde y el azul. Las ofrendas a Oshosi suelen incluir cabras, cerdos y pintadas, palomas, así como diversas frutas como plátanos, peras, mangos, ginebra u otras bebidas espirituosas, aguacates, papayas, un vaso de agua y velas. A Oshosi a menudo se le dan las mismas ofrendas que a Ogun. Un tabú con Oshosi es ofrecerle Adin Dudu o aceite de palma negra.

OSHUN

Oshun, uno de los Orishas más queridos en la tierra yoruba, a menudo se asocia con ríos, arroyos y agua dulce que fluye en Nigeria, así como en la diáspora. Es la Orisha del amor, la belleza, la sensualidad y la atracción, y muchas personas le piden ayuda con estas cosas. Oshun es conocida como la portadora de las cosas dulces de la vida, incluida la opulencia, la riqueza, la belleza, el amor, la longevidad, la atracción, las festividades y el lujo. También se la considera una poderosa sanadora, especialmente en lo que respecta a la curación emocional, y una protectora de mujeres y niños. Se dice que Oshun es propietaria de toda el agua dulce de la Tierra, y la gente suele honrarla en el río, donde le dejan diversos obsequios de comida y otros artículos a cambio de su ayuda. Oshun también gobierna sobre el sistema circulatorio del cuerpo. Algunas ofrendas que se le dan a Oshun incluyen melones, naranjas, palomas, azúcar, miel, plátanos, panela, toronjas, espejos, girasoles y cualquier flor amarilla, un vaso de agua, velas, incienso. Algunas piedras naturales asociadas con Oshun son el ámbar, el citrino, el oro y el topacio.

OSUMARE

Osumare es a menudo visto como el Orisha que se transforma en arcoíris y serpientes; él gobierna sobre ambas cosas. Se cree que su presencia marca renovación, esperanza, nuevos comienzos, liberación de energía negativa o maldiciones, purificación y nuevos comienzos. También se cree que su presencia trae serenidad y calma después de la tormenta, que pueden ser las turbulencias y tormentas en nuestras propias vidas. Según la tradición yoruba, Olodumare le dijo a Osumare que creara una señal en el cielo que todos pudieran ver para indicar que la creación tanto del cielo como de la tierra se había completado. Luego, Osumare creó el primer arco iris en el cielo para que todos lo vieran. Algunos de los diversos elementos que gobierna Osumare incluyen ciclos naturales como la luz solar, la nubosidad, la evaporación, la condensación y la precipitación de agua. La serpiente a veces se presenta en ceremonias como una representación de la presencia de Osumare debido a su poderosa capacidad para eliminar maldiciones o energías negativas de la persona que entra en contacto cercano con la serpiente. También se dice que Osumare pasa la mitad de su tiempo como hombre y la otra mitad como mujer. Debido a esto, Osumare es a menudo visto como andrógino. Se dice que vela y protege a los niños, las personas creativas, como los artistas, y las personas transgénero están bajo la protección de Osumare. Además, el cordón umbilical suele verse como un símbolo de Osumare. Cuando nace un niño, el cordón umbilical a menudo se entierra, no se destruye ni se tira a la basura como símbolo de respeto. Las ofrendas a Osumare incluyen agua dulce, flores, miel, diversas frutas como sandía, incienso, mangos, papaya, velas amarillas, pequeñas tallas de serpientes, huevos blancos o pintados de colores y pato. Las ofrendas a menudo se colocan cerca de grandes cascadas donde se pueden ver los arcoíris. Las piedras asociadas con este Orisha incluyen cristal de cuarzo, ópalo, piedra lunar, labradorita y piedra solar.

OYA

La Orisha Oya o Yansa gobierna el viento, el cual puede transformar en tornados y huracanes. Oya también gobierna el mercado y es la protectora y guardiana de los muertos. Ella es la madre de Egungun y ayuda a los antepasados en la transición al más allá. Los poderes de Oya a menudo bendicen a las personas con una mayor intuición. Para sus hijos y aquellos que respetan a los antepasados, a menudo los bendice con los poderes de la clarividencia y la capacidad de comunicarse con los muertos, así como con un mayor sentido de la intuición. La energía de Oyá está presente a las puertas del cementerio, simbolizando la barrera entre la vida y la muerte. Este es el lugar donde a menudo se le dejan ofrendas. Oya rige la fuerza de la naturaleza que trae cambios repentinos y abruptos en la vida de las personas, especialmente si algo necesita cambiar en la vida de esa persona. Ella da muchas advertencias de antemano. Es importante que confiemos en nuestra intuición. Este cambio a menudo puede sentirse como angustioso y caótico, pero después vienen nuevos comienzos, renovación y crecimiento. A veces, Oyá se presentará en la vida de las personas como un torbellino porque la persona no ha abordado un aspecto de su vida que necesita un cambio. Otras veces Oyá se presentará en la vida de alguien como una protectora feroz, defendiendo a la persona de cualquier daño. Es una guerrera y tiene un fuerte amor maternal por aquellos a quienes cuida. Oya también es vista como una de las brujas poderosas. Las ofrendas que se le hacen incluyen ciruelas, berenjenas, uvas, pasas, monedas de cobre, cabras y joyas. La amatista y el cobre son piedras asociadas a ella. Un tabú de Oyá es ofrecerle un carnero.

SHANGO

El Orisha Shangó, también conocido como Sango o Changó, es una deidad muy venerada en la espiritualidad yoruba. Algunos creen que tiene dos formas: como Rey histórico de Oyo y como Orisha, mientras que otros lo consideran sólo como un Orisha. Se cree que Shangó tiene dominio sobre los fenómenos naturales como los truenos y relámpagos, el fuego y los tambores. A menudo representada empuñando un hacha de dos puntas, el arma de Shangó simboliza su poder sobre el rayo. También se le representa vistiendo prendas de colores rojo y blanco. Shangó es una deidad apasionada y dinámica asociada con la virilidad y la masculinidad masculina. Protege ferozmente a sus seguidores y a quienes buscan su ayuda en casos de injusticia. Se cree que Shangó ayuda a aquellos a quienes protege a superar sus desafíos y obstáculos, proporcionándoles la fuerza y la vitalidad para triunfar. Ciertas piedras, como la piedra del trueno, el pedernal, el pedernal y la obsidiana, están asociadas con

Shangó. Las ofrendas a Shangó incluyen vino tinto, ron, tabaco, velas rojas y blancas, ñame asado o harina de maíz, pimientos rojos, cola amarga, gachas, okra, gallos, gallinas de guinea, aceite de palma, plátanos, agua, incienso y velas. Un tabú para Shangó es ofrecerle aceite de Adin Dudu o de Palma Negra.

YEMAYA

El Orisha Yemayá, también escrito Yemanjá, es una deidad popular en la cultura yoruba. Ella es la gobernante del agua salada, la superficie del océano y las olas. Yemayá a menudo se representa como una sirena y representa la maternidad. También se cree que es la madre de todos los peces. Mientras Yemayá gobierna la superficie visible del océano, Olokun gobierna las profundidades invisibles y oscuras del océano. Se cree que dondequiera que la luz del sol pueda penetrar dentro del océano, Yemayá tiene dominio, y dondequiera que la luz del sol no pueda penetrar, Olokun tiene autoridad. Yemayá es conocida por su energía calmante y nutritiva, que ayuda a equilibrar las energías de Olokun. Sin embargo, si se enoja, puede ser violenta e implacable. A Yemayá a menudo se le pide orientación, consuelo y protección. Se la asocia con la fertilidad y las mujeres que intentan concebir la invocan a menudo. Sus colores son azul, blanco y claro, y algunas piedras asociadas con ella incluyen lapislázuli, coral, perlas, todas las conchas marinas, aguamarina y azurita. Las ofrendas a Yemayá suelen incluir flores blancas y azules, melones, melaza, conchas marinas, velas azules y blancas, joyas, miel, coco y varios tipos de mariscos, pescados y palomas, conchas de cauri.

YEWA

Yewa, también conocida como Ayaba, es una Orisha misteriosa. Mientras que Oya, su hermana, gobierna la barrera entre la vida y la muerte y está presente a las puertas del cementerio, Yewa está muy asociada con la tierra y el suelo, ya que allí se entierra a los muertos. Ella reside dentro del cementerio. Tanto Oya como Yewa se aseguran de que las barreras de la vida y la muerte se mantengan separadas. La barrera entre estos dos mundos puede levantarse ligeramente en determinadas épocas del año para que la humanidad pueda celebrar y rendir homenaje a los que han muerto, y los muertos también puedan participar en las celebraciones. Sin embargo, esta creencia está limitada por la comunidad y es posible que algunos practicantes de Orisha no tengan esta opinión. A Yewa se la asocia a menudo con la belleza y los misterios de la muerte, ya que se dice que gobierna la descomposición de los cadáveres. Las ofrendas que se le dan incluyen conchas de cauri, flores, agua e incienso, velas, palomas y cabras.

* * *

CAPÍTULO 4
EL CONCEPTO DE ATUNWA

En CAPÍTULOS anteriores hablamos sobre la conexión sagrada que tenemos con la naturaleza. En este capítulo hablaremos sobre nuestra conexión con el ciclo de vida, muerte y renacimiento. Los yoruba llaman a este proceso Atunwa.

El concepto de Atunwa es como la idea de reencarnación. En Atunwa, a diferencia de la reencarnación, hay dos mundos en los que renace un alma llamada "Emi". El primero de estos dos mundos es el mundo físico y el segundo mundo es el cielo o el mundo del espíritu. El primer principio de Atunwa es que cuando un alma deja un cuerpo al morir en el mundo físico, puede permanecer en el mundo físico por un tiempo después, pero inevitablemente regresa al mundo del espíritu comúnmente llamado Orun. En este punto el espíritu puede decidir regresar a la tierra como otra persona en un cuerpo diferente. El otro aspecto de Atunwa es la idea de que cuando una persona muere, su espíritu renace en un nuevo cuerpo que forma parte del mismo linaje familiar. Mientras que en la reencarnación no se hace esta distinción. La comprensión de Atunwa se origina en la cosmovisión de que la vida es cíclica y que todo en el universo está interconectado. Los yoruba también creen que Atunwa no es automático. En cambio, se cree que el espíritu del difunto debe someterse a una serie de rituales y ceremonias de purificación en el más allá antes de poder reencarnar. Estos rituales tienen como objetivo limpiar el espíritu de cualquier impureza. La palabra Atunwa significa "volver a dar a luz".

Hay varias maneras en que puede ocurrir Atunwa. Una forma en que esto sucede se llama Ipadawaye, que significa que el antepasado ha regresado. Cuando nacen los niños, son llevados a un sacerdote de Ifá, un Babalawo, para determinar qué antepasado se ha reencarnado como el niño. El nombre del niño a menudo se deriva del nombre del antepasado de esta manera. Este tipo de renacimiento es, con diferencia, el más común para todos nosotros. A menudo nos reencarnamos muchas veces. También se cree que nos reencarnamos dentro de nuestra misma línea familiar, por lo tanto, cuando un niño nace en el mundo, los yoruba determinarán quién era en su vida anterior dentro de la misma línea familiar.

Otro tipo de Atunwa es Akudaya. Este tipo de renacimiento es cuando alguien no vino a la tierra desde el cielo para renacer, sino que murió recientemente y continúa viviendo en la tierra "sí" para terminar su vida anterior. Estos espíritus tienden a vivir en la Tierra como Iwin "fantasma" si no tienen familia viva o si podrían estar en el proceso de convertirse en Egun o un antepasado una vez que terminen lo que necesitan hacer en la Tierra. Estos espíritus pueden continuar vagando por la Tierra por un tiempo. Pueden servir para proteger, ayudar y guiar a los miembros vivos de su familia para que acumulen suficiente Ase para regresar al cielo. Esto se debe a que no lograron lo que necesitaban cuando estaban vivos. A veces, estos espíritus aparecerán como si tuvieran un cuerpo y luego desaparecerán una vez que se revele su nombre real. La última categoría de Atunwa se conoce como Abiku.

¿HAY CASOS EN LOS QUE SE CREE QUE LAS ALMAS HUMANAS RENACEN EN ANIMALES O PLANTAS?

Sí, este tipo de historias existen, a menudo asociadas con circunstancias específicas. Un escenario implica el castigo por mostrar mal carácter durante su vida humana. Otro podría resultar de un entierro inadecuado y de no realizar los ritos funerarios necesarios. Un aspecto crucial del rito funerario es la presencia de un Babalawo, que realiza adivinación en nombre del difunto para determinar los sacrificios necesarios para una transición sin problemas a la otra vida, evitando que quede atrapado en el mundo de los vivos. La siguiente advertencia ilustra la importancia de los ritos funerarios adecuados:

En un pueblo lejano, había dos hermanos, uno mayor y otro menor, ambos hábiles cazadores cuyas flechas siempre daban en el blanco. Un día, el jefe de la aldea anunció un concurso de caza para determinar cuál era el mejor cazador. Ambos hermanos compitieron y el hermano menor salió victorioso, ganándose elogios y recompensas de los aldeanos. Sin embargo, de camino a casa, el hermano mayor, consumido por la codicia, asesinó a su hermano menor para reclamar su parte de la recompensa.

Varios años más tarde, su madre, mientras caminaba por el bosque, tropezó con los restos de su hijo menor, que estaban cubiertos de musgo. Llorando, recogió los

huesos y los llevó a casa. Al día siguiente, la madre buscó consejo tanto del Baba-
lawo como del jefe. El Babalawo (Sacerdote de Ifá), después de consultar el
Oráculo de Ifá, le dijo a la madre que debían ofrecer un sacrificio en el lugar
donde encontró los huesos y realizar un rito de entierro adecuado. A la mañana
siguiente, tanto el Babalawo como la madre llevaron el sacrificio a este lugar. Esa
noche, un antepasado se apareció a la madre en sueños, revelándole la verdad del
crimen del hermano mayor y que el alma del hermano menor, debido a un
entierro inadecuado, había pasado a formar parte parcialmente del musgo. Luego
se completaron los ritos de entierro apropiados y el jefe, al escuchar este caso, lo
llevó al rey.

Después de escuchar el testimonio de todas las partes, el rey decretó que el
hermano mayor fuera ejecutado por su crimen. La madre, al oír esto, suplicó al
rey que perdonara la vida a su hijo mayor. Conmovido por su súplica, el rey
decidió mostrar misericordia y, en cambio, desterró al hijo mayor de la ciudad.
Una vez que se hizo justicia y se realizaron los ritos funerarios adecuados, el espí-
ritu del hermano menor encontró la paz. Seis meses después, la madre volvió a
quedar embarazada y se descubrió que el alma del hijo menor iba a renacer, final-
mente liberada del trágico suceso ocurrido en su vida anterior.

✶ ✶ ✶

La conexión entre el hongo y el hijo fallecido era evidente, simbolizando la presencia de su alma ante la ausencia de ritos funerarios. En la tradición yoruba, las ofrendas y oraciones oportunas tras la muerte aseguran una transición sin problemas a la siguiente etapa.

¿Quiénes son los abiku?

Abiku, también conocido como Ogbanje en algunas partes de Nigeria, se refiere a un tipo de niño que se cree nace con la misión predestinada de morir y regresar. El término Abiku proviene de las palabras yoruba "Abo" que significa predestinado e "Iku" que significa muerte. La creencia en Abiku es un fenómeno espiritual más allá de la comprensión humana y es una creencia cultural común entre los Yoruba. Algunas prácticas tradicionales Yoruba incluyen darle al niño un nombre especial o realizar ciertos rituales, como tatuajes, para marcar el cuerpo del niño y evitar que muera.

También se ha dicho que a veces un alma puede entrar al mundo físico desde el cielo a través del proceso de nacimiento solo para llegar a la tierra pero una vez aquí descarta el cuerpo físico por no necesitarlo para alcanzar el destino que elige en el cielo. En cambio, eligen continuar viviendo en la tierra y cumplir su destino en forma espiritual en lugar de en forma física. Se dice que las divinidades no dejarán que un alma regrese al cielo hasta que sus tareas en el mundo hayan terminado, incluso si están en forma espiritual y continúan existiendo en la tierra en esta forma sin presencia física.

A veces, un espíritu puede acumular Ase o energía espiritual ayudando o guiando a los miembros de su familia aquí en la tierra a cumplir su propósito si no lo cumplieron cuando estaban vivos antes. A veces, estos espíritus permanecerán en la tierra después de haber muerto llamado Akudaya o pueden regresar a la tierra en el futuro como Abiku. También puede ser cierto que quizás algunas de estas almas mueran prematuramente simplemente por no necesitar mucho tiempo para cumplir su misión en el mundo y regresar inmediatamente al cielo después de lograr lo que tenían que hacer en la tierra. Una tercera razón por la que existen los espíritus Abiku puede ser que cuando el alma decidió venir a la tierra, no eligió al Ori-inu (cabeza espiritual) correcto para apoyarlos. En este caso, se pueden hacer las cosas mencionadas anteriormente, como darle al niño un nombre especial o realizar ciertos rituales, como tatuajes, para marcar el cuerpo del niño y evitar que muera. Se puede realizar como un intento de salvar al niño de morir. . A menudo, estas cosas se hacen mientras un niño está gravemente enfermo o ha superado una situación en la que el niño podría haber muerto para protegerlo y evitar más daños o una posible muerte si se lo lleva antes de lo esperado.

En conclusión, la creencia en Abiku sirve como un recordatorio de la impermanencia de la vida y de que algún día todos moriremos. Nos recuerda que no debemos dar por sentada la vida, sino considerar cada día que estamos vivos como un milagro.

ACTIVIDAD PARA EL CRECIMIENTO ESPIRITUAL

Vaya a un cementerio local y siéntese allí y contemple su propia mortalidad. Trae un cuaderno y escribe en él dos columnas. Una columna representa todas las cosas que importan en tu vida. La otra columna representa todas las cosas por las que uno hace hincapié en la vida y que, en general, no son tan importantes.

. . .

En el mundo actual, especialmente en la parte occidental, el materialismo se ha convertido en la nueva religión. Se nos enseña a vivir el hoy y no prepararnos para el mañana. Siempre es importante comprender que cuando todos muramos, nuestros huesos pasarán a formar parte de la tierra. A menudo resulta difícil distinguir a los ricos de los pobres en un cementerio junto a una lápida un poco más grande. Tampoco se puede distinguir raza; Estos son puntos importantes a tener en cuenta al tratar con personas de la vida. Si tal vez son relevantes en la muerte, también lo son en vida. Por último, pregúntese qué es lo que desea hacer para darle sentido a su vida y a la de los demás antes de morir. ¿Cuáles son algunas de las cosas que deseas lograr? ¿Cuáles son algunas de las cosas que debes dejar de hacer y que son un desperdicio de tu vida? Es posible que deba repetir esta actividad varias veces o días.

Reconocer que todos vamos a morir es crucial para nuestro propio desarrollo espiritual. Lo hermoso de la espiritualidad Orisha/Yoruba, sin embargo, es el hecho de que creemos que la muerte nunca es el final y que nuestras relaciones con aquellos a quienes amamos y a quienes hemos perdido, de hecho, todavía están con nosotros incluso después de que hayan fallecido. La vida también se considera una gran bendición para aprender y crecer. La vida no debe ser fácil y las lecciones que aprendemos en la vida nos ayudan a crecer.

* * *

CAPÍTULO 5
HONRANDO A LOS ANCESTROS**

EN LA TRADICIÓN YORUBA, la familia está formada no sólo por los miembros vivos sino también por los fallecidos, quienes son continuamente honrados y no olvidados por los miembros vivos. Se cree que los antepasados son un vínculo vital entre los mundos físico y espiritual, actuando como intermediarios que ayudan a guiar y ayudar a los vivos a lo largo de sus vidas. Los practicantes de Orisha en tierra yoruba y en la diáspora usan las palabras Egun y Egungun para referirse a los espíritus de los familiares fallecidos que continúan existiendo en el reino espiritual después de la muerte. Sin embargo, existen algunas diferencias clave entre los dos conceptos que es importante reconocer.

Egun generalmente se refiere a los espíritus ancestrales individuales de una familia en particular, como un ancestro específico que falleció. Se cree que Egun tiene una conexión profunda con sus descendientes vivos y desempeña un papel en su bienestar, protección y guía. Los familiares pueden ofrecer oraciones, libaciones y otras ofrendas para honrar a su Egun, con la intención de fortalecer su conexión y recibir sus bendiciones. Honrar a nuestro Egun es de suma importancia en la cultura Yoruba. Por otro lado, Egungun se refiere a una energía ancestral colectiva que incluye a todos los familiares fallecidos de múltiples generaciones. Se cree que esta energía colectiva se manifiesta como un Orisha, también conocido como Egungun, que sirve como conexión vital entre los mundos físico y espiritual. Se cree que Egungun es uno de los hijos de Orisha Oya y se cree que tiene una poderosa influencia curativa en la humanidad. Se hacen ofrendas a este Orisha para invocar las bendiciones y la protección de todos los antepasados, especialmente durante las celebraciones públicas donde los antepasados son honrados por todos los miembros de una aldea o pueblo, como en la Mascarada Egungun.

La Mascarada Egungun se lleva a cabo una vez al año en el mes de junio. Es una celebración colorida y vibrante donde los miembros de la comunidad se reúnen para honrar a Egungun. Durante el festival, artistas enmascarados vestidos con elaborados trajes de muchos colores diferentes representan la variedad de diversos ancestros. Estos bailarines son conocidos como los 'Alagbe'. Son individuos capacitados que han sido iniciados en el culto de Egungun y tienen el conocimiento y la autoridad para usar el traje de Egungun, bailar y realizar los rituales. Los Alagbe son considerados los representantes de los Egungun y se cree que poseen el poder espiritual de los antepasados. Mientras los bailarines sagrados avanzan por las calles, acompañados de tambores y bailes, la gente se apartará de su camino y evitará acercarse a ellos o tocarlos.

Los yoruba celebran la Mascarada Egungun por varias razones, entre ellas honrar y mostrar respeto a los antepasados, buscar sus bendiciones y mantener la identidad espiritual y cultural de la comunidad. El festival también sirve como un momento para unir a la comunidad y fortalecer los lazos familiares, ya que es un momento en el que los miembros de la familia se reúnen para honrar a sus antepasados y celebrar su herencia cultural. La Mascarada Egungun es una celebración profundamente espiritual y simbólica, y se cree que los espíritus de los antepasados están presentes durante el festival. Se cree que los artistas que participan en la celebración actúan como mensajeros de los antepasados. La historia de cómo comenzó la Mascarada de Egungun comienza con un desacuerdo entre dos hermanos, Egungun y Oro, y la historia es la siguiente:

*Había dos hermanos, Egungun y Oro. Ambos albergaban un deseo compartido de descender juntos a la Tierra desde Orun (el cielo), buscando amplificar su riqueza. Antes de su aventura terrenal, ambos hermanos buscaron consejo de Orunmila, consultaron a Ifá para obtener orientación y recibieron el Odu: **Ojuani Osa**. El consejo de Orunmila enfatizó que les esperaba riqueza si compartían sus bendiciones con los devotos al llegar a la Tierra.*

Deseoso de realizar sus aspiraciones, Egungun tomó la iniciativa y descendió a la Tierra mientras Oro permanecía en los cielos. Oro, confiando en la promesa de su hermano, imploró a Egungun que regresara una vez que la costa estuviera despejada. Egungun, aceptando el plan, llegó a la Tierra y, cuando los aldeanos le preguntaron, declaró su misión de ayudar a los necesitados. La generosidad definió las acciones de Egungun, lo que llevó a una riqueza multiplicada y ofrendas en días específicos. Su benevolencia se ganó el respeto inmediato tanto de los aldeanos como de los reyes poderosos, acompañada de numerosos obsequios. Al mismo tiempo, Oro, observando las festividades de su hermano desde el cielo, se sintió decepcionado cuando Egungun ignoró sus llamadas. Enfurecido por la promesa incumplida, Oro descendió después del atardecer, envolviendo el cielo en oscuridad. Con la intención de enfrentarse a su hermano, Oro persiguió a Egungun, incitando el miedo entre los aldeanos que buscaron refugio en sus hogares. Ante la disputa, Egungun y los sabios ancianos de la aldea se acercaron a Oro. Reconociendo sus habilidades, Oro, impulsado por la ira, exigió justicia por la promesa incumplida. Surgió una resolución cuando Egungun, reconociendo la injusticia, acordó honrar a Oro limitando sus celebraciones a la luz del día. Oro, a su vez, se celebraría después del atardecer, cuando la oscuridad envolvía el cielo. Los ancianos sabios celebraban a Oro como símbolo de justicia y equidad, pero sólo lo celebraban por la noche. Cuando salió el sol a la mañana siguiente, Oro se retiró al bosque, consolidando su papel como patrón de la justicia en el mundo.

* * *

El Orisha Oro

Algunos yoruba ven a Oro como un rey histórico que gobernó un vasto reino. Era conocido por su sabiduría y gobierno justo, y su pueblo lo amaba y respetaba mucho. Sin embargo, un día, Oro desapareció misteriosamente y su gente se preguntó adónde había ido. Después de una larga búsqueda, se descubrió que Oro se había transformado en un espíritu y se había ido a vivir al mundo de los espíritus. Ya no era visible para los mortales, pero continuó vigilando a su pueblo y protegiéndolo de cualquier daño. Con el tiempo, surgió el culto a Oro y se convirtió en una fuerza poderosa en la sociedad yoruba. Se creía que los miembros del culto a Oro eran los únicos que tenían acceso a Oro y podían comunicarse con él directamente.

Por otro lado, se creía que los Egungun eran los espíritus de los antepasados que habían pasado al mundo de los espíritus. También se los consideraba poderosos protectores de sus descendientes y eran venerados en la sociedad yoruba. Sin embargo, la relación entre Oro y Egungun no siempre fue pacífica. De hecho, hubo una larga disputa entre los dos grupos que se remonta a siglos atrás. Oro se asocia principalmente con el bosque y la caza, así como con la justicia, del mismo modo que Egungun se asocia con los ancestros. Oro también está asociado con Egbe, a quienes se hace referencia como compañeros celestiales, y también está asociado con los antepasados en menor medida que su hermano. Oro es el Orisha que trae justicia espiritual a favor de los ancestros y los Egbe. A Oro se le representa comúnmente vistiendo pieles de animales y portando armas de caza.

El festival Oro es un evento cultural importante en muchas regiones de Nigeria entre los yoruba. El festival suele tener lugar una vez al año y está marcado por la interpretación de música tradicional, danza y el uso de trajes elaborados. Los rituales Oro se realizan durante el festival por la noche en secreto. Oro es a menudo representado como una figura enmascarada durante el festival, y solo a los miembros iniciados de la comunidad se les permite participar y ser parte del festival. Todos los demás, incluidas mujeres, extranjeros y niños, deben permanecer dentro de la casa una vez que cae la noche. Muchos yoruba ven el Festival Oro para protegerse del mal, proteger a la comunidad y hacer justicia; sin embargo, es importante señalar que el festival Oro ha sido controvertido en algunas regiones debido a su carácter secreto y excluyente. Ha habido preocupaciones sobre su potencial para ser utilizado para el control político y social, especialmente por parte de personas de otras religiones que desean arrojar una imagen negativa sobre la fe indígena yoruba-orisha.

Egungun, por otro lado, está directamente asociado con los ancestros y los espíritus específicos de los muertos, como se mencionó anteriormente. Egungun es también protector de la comunidad. Los rituales de Egungun son en su mayoría públicos e involucran trajes, danzas y actuaciones elaborados, al igual que el Festival Oro. La diferencia es que la Mascarada de Egungun se lleva a cabo durante el día, y todos, incluidos los extranjeros, son bienvenidos a asistir al Festival de la Mascarada de Egungun. A pesar de sus diferencias, Oro y Egungun están estrechamente relacionados porque ambos están asociados con el mundo de los muertos, pero ambos nunca deben ser honrados juntos.

La distinción entre Egun e Iwin

El término Iwin significa fantasma. Estos son espíritus que no se consideran ancestros ni Egbe, o compañeros celestiales, de los que hablaremos más adelante. Un cónyuge, un amigo, un padre adoptivo, un hermano o hermana biológicos fallecidos no pueden ser considerados

Egun pero pueden ser Egbe. Hay algunas diferencias de opinión sobre quién califica como Egun, pero lo que estoy diciendo aquí es el consenso en su mayor parte. Nuestros Egun o ancestros a menudo se definen como aquellas personas que no sólo tienen vínculos sanguíneos directos con nosotros sino que también son responsables de que nazcamos. Ambas calificaciones se encuentran a menudo en aquellos que están categorizados como Egun. Tanto Egun como Egbe pueden tener una responsabilidad directa por nuestro nacimiento en el mundo, pero solo Egun puede tener vínculos sanguíneos y genéticos directos con eso también. A menudo honramos a nuestro Egun en un santuario de Egun ubicado dentro de nuestra casa o afuera cerca de ella. Tanto Egbe como Egun son honrados por igual pero por separado. El santuario de Egun simboliza todos tus Egun de las últimas nueve generaciones, no sólo una. Es esta conciencia ancestral la que estás honrando con el santuario, no a un ancestro en particular. Honrar a los antepasados es siempre una elección personal. Honrar a personas que no son Egun en un santuario Egun o a los ancestros de otra persona en tu santuario Egun debe considerarse tabú. Uno puede tener un santuario separado para honrar a Egbe y otro para aquellos espíritus que no caen ni en Egun ni en Egbe pero que se llaman Iwin, pero todos deben ser honrados en santuarios separados. Deben ser honrados por separado pero por igual. Una práctica común en la Diáspora es honrar al Egbe usando la Bóveda o "mesa blanca" en español y a los ancestros con el santuario ancestral. Hablaremos de la Bóveda en el próximo capítulo.

Honrando a Egun

También podemos optar por no honrar a ciertos antepasados que pueden ser violentos o perjudiciales para nosotros, o que no nos apoyan, incluso si son parientes consanguíneos. Siempre tenemos la opción de no honrar a un ancestro en particular si decidimos no hacerlo, pero uno debería considerar consultar a IFA sobre el asunto para asegurarse de que el espíritu realmente no nos apoye. Honrar a Egun se trata de honrar la conexión ancestral que tenemos con nuestra propia conciencia. Cualquier espíritu, relacionado con la sangre o no, que intente hacernos daño, es nuestra elección decidir si lo reconocemos. Así como en la vida podemos querer alejarnos de las personas dañinas, lo mismo ocurre con los espíritus que no se preocupan por nuestro mayor bien. Normalmente podemos optar por no honrar a estos espíritus. Sin embargo, si uno no está seguro de si debe honrar a un ancestro en particular, siempre debe consultar IFA a través de un Babalawo para saber con certeza si este ancestro debe ser honrado.

A menudo se cree que uno o dos antepasados dentro de la línea de su madre o su padre son sus antepasados guardianes. Estos ancestros son los más activos y te cuidan mientras estás en la tierra. Además, los otros ancestros se comunican con estos ancestros, quienes a su vez se comunican contigo. A menudo, IFA le dice quiénes son los principales antepasados de la persona durante una consulta de IFA. A menudo, el Sacerdote o la Sacerdotisa proporcionarán esta información a la persona antes de su iniciación. Aquí hay un ejemplo para ilustrar lo que quiero decir con una de las consultas de mis clientes. IFA determinó para él que fueron su tercer bisabuelo por parte de su padre y su segunda bisabuela por parte de su madre quienes son los dos ancestros más activos que lo apoyan. Estos dos ancestros serían considerados sus ancestros guardianes porque son los más activos apoyándolo.

¿Debo honrar a los ancestros de mi Babalawo o a los ancestros de mi maestro espiritual en IFA u Tradición Orisha?

A menudo puedes escuchar de algunas personas en varias casas religiosas, especialmente en la diáspora, que es necesario honrar a los antepasados del Babalawo o Sacerdote/Sacerdotisa de la casa como Egun. En mi opinión, esto es completamente desorientador y, en la mayoría de los casos, completamente erróneo. Los mayores de una persona en la religión podrían ser honrados como Egbe o Iwin, pero ciertamente no entran en la categoría de Egun o ancestros. El título de Madrina Religiosa o Padrino son títulos de la religión pero no son equivalentes a la madre o el padre ancestral actual de una persona. No existen los "ancestros en la casa o la religión". Personalmente, nunca recomendaría a mis alumnos que honraran a mis antepasados. ¡Es importante que las personas honren a sus propios antepasados, no a los antepasados de otra persona! ¡Esto es, en mi opinión, un completo error! Los maestros religiosos, si han fallecido, pueden ser honrados como Egbe si IFA lo permite en la Bóveda. En cuanto a que los maestros espirituales sean categorizados como ancestros, en mi opinión, tal pregunta ni siquiera debería plantearse a IFA porque es simplemente sentido común básico; Sin embargo, si la IFA lo permite, la historia es diferente.

LOS ESTADOS DUALES DE LA CONCIENCIA: NAVEGANDO POR LA CONCIENCIA CONTRAÍDA Y EXPANDIDA

Los humanos, debido a su cuerpo físico, experimentamos un estado de conciencia reducido en comparación con el estado de conciencia que tenemos cuando estamos fuera del cuerpo. Nuestra conciencia se centra principalmente en la realidad presente de nuestro tiempo y lugar actuales, al que nos referimos como el momento presente. Mientras estamos despiertos, sólo podemos percibir lo que sucede aquí y ahora, incapaces de experimentar simultáneamente eventos en diferentes lugares. Esta limitación, aunque parezca restrictiva, sirve como una bendición. Nos permite concentrarnos en el presente, ayudándonos a trabajar hacia nuestro destino. A pesar de los desafíos que presenta, este enfoque resulta beneficioso.

En marcado contraste, cuando el espíritu abandona el cuerpo al morir, pasa de un estado de conciencia contraído a uno expandido. Esta conciencia ampliada permite que el espíritu exista en múltiples lugares y dimensiones a la vez, lo que le permite apoyar y guiar a quienes están en la Tierra. Sin embargo, existen excepciones a esta regla. Durante el sueño o cuando recibimos mensajes intuitivos del mundo espiritual, podemos vislumbrar esta conciencia expandida o conciencia extracorporal.

Las limitaciones impuestas por nuestros cuerpos físicos, a las que me refiero como estado de conciencia contraído, son cruciales para nuestro crecimiento y desarrollo espiritual. Esta necesidad de que los espíritus regresen y renazcan en nuevos cuerpos para volver a experimentar este estado contraído subraya su importancia. Para que un ser espiritual alcance el crecimiento, debe viajar a través de estados de conciencia tanto contraídos como expandidos. Este concepto se conoce como Estados Duales de Conciencia, que abarca dos estados primarios de conciencia humana: el Estado de Conciencia Contraído y el Estado de Conciencia Expandido.

Esu: actúa como intermediario entre el cielo y la tierra. Toma el sacrificio llamado ebò tanto para los vivos como para los muertos y lo dirige hacia donde debe ir.

Oya - Egungun es considerado hijo de la Orisha Oya. Oya protege a todos los muertos, incluidos tanto los Iwin o Fantasmas como los ancestros. Oya es también la guardiana del cementerio y la guardiana del reino de los antepasados. Se la asocia con el cambio, la transformación y los misterios de la vida y la muerte.

Obaluaye: Orisha de la enfermedad y la salud, Obaluaye también es conocido como el guardián del Egun. Está asociado con la tierra y los secretos de la vida y la muerte.

Osun: Orisha de los ríos y arroyos, Osun también se asocia con la fertilidad, el amor y la curación. A menudo se la invoca durante las ceremonias en honor a los antepasados.

Yewa: Orisha del cementerio, mientras que Oya gobierna las puertas y los límites del cementerio, Yewa está asociada con el cementerio mismo. Yewa se asocia con la belleza, la pureza y los misterios de la vida y la muerte.

Orunmila: Orisha de la sabiduría y la adivinación, se cree que Orunmila tiene una estrecha relación con los antepasados. A menudo se le consulta durante la adivinación en busca de ayuda y orientación tanto de los vivos como de los muertos tanto en la tierra como en el cielo.

Obatalá: suele representarse como el padre de todos los Orishas y se le asocia con el color blanco, que representa la pureza y la fuerza creativa del universo. Obatalá también se asocia con la frialdad, la calma y la tranquilidad, y a menudo se invoca para la curación, la paz y la guía espiritual.

* * *

CAPÍTULO 6
EN EL SANTUARIO
DE LOS ANCESTROS

Se dice que cuando damos ofrendas a Egun, esto le da a nuestros ancestros la fuerza para apoyarnos, protegernos y bendecirnos en nuestra vida. Repasamos algunos de los temas y la comprensión de los antepasados en el capítulo anterior. En este capítulo discutiremos más a fondo cómo honrar a sus antepasados. La comprensión de los orígenes de esta práctica podría explicarse en parte por la siguiente leyenda.

Una vez, un hijo se enfrentó a una pérdida trágica cuando su padre murió accidentalmente al caer durante un viaje de caza. Abrumado por el dolor, el hijo se distanció del lugar y dejó allí a su padre sin darle un entierro digno. Durante varios años, el hijo enfrentó numerosas dificultades a medida que transcurrieron los años. Buscando respuestas, consultó a un Babalawo conocedor quien, a través de la guía de IFA, emitió el Odu: Oyeku Meji. El Babalawo aconsejó al hijo que regresara a los terrenos de caza y enterrara adecuadamente a su padre. Siguiendo el consejo del Babalawo, el hijo recuperó los huesos de su padre en el lugar. Para entonces, los animales habían esparcido muchos de los huesos. El hijo logró recoger la mayoría de ellos, los ató con un paño rojo y se los llevó al Babalawo. Luego, el Babalawo realizó sacrificios prescritos por IFA y ayudó al hijo a enterrar al padre cerca de la casa del hijo, creando un espacio sagrado junto a una arboleda. Este Babalawo luego le dio al hijo un palo adornado con nueve telas de diferentes colores, y se le indicó que lo usara para comunicarse con sus antepasados y los de su padre, golpeando el suelo nueve veces.

Al abrazar este ritual, el Babalawo guió al hijo en la construcción de un santuario. Este espacio sagrado se convirtió en un punto focal para que el hijo y sus descendientes honraran a sus antepasados, buscaran orientación y ofrecieran agradecimiento. El hijo, siguiendo estas prácticas, ascendió a una posición de importancia, asesorando al rey y a los jefes, acumulando riquezas y siendo testigo de la prosperidad de nueve generaciones de sus descendientes.

Esta historia parece ilustrar el importante poder que nuestros antepasados desempeñan en nuestras vidas y por qué siempre debemos honrarlos. A menudo se dice que si alguien está en problemas y esto no se comunica a los antepasados, es posible que no sean conscientes de ello y, por lo tanto, no sepan que necesitan intervenir. La segunda cosa que la historia nos enseña es la importancia del sacrificio. El sacrificio juega un papel crucial en nuestra religión y en la vida del yoruba tradicional. La historia también nos enseña por qué usamos tanto los Bastones Atori como el Pagugu cuando honramos a nuestros antepasados.

The Isan-Egungun incluye nueve varillas envueltas en un paño rojo, conocidas como Varillas Atori. Estas varillas simbolizan los huesos ancestrales, y el número nueve es sagrado para Oya, representando nueve generaciones de ancestros. Hechas de madera sagrada y otorgadas a través de una ceremonia, las varillas Atori se utilizan para invocar a los espíritus ancestrales en santuarios personales y durante las ceremonias de Egungun. Los bailarines de Alagba Egungun, que se cree están poseídos por los ancestros, exhiben las varillas sobre sus cabezas. Las varillas Atori sirven como conductos para la posesión espiritual y se utilizan en sacrificios ancestrales como punto focal para los rituales.

Otro elemento importante en la devoción a los ancestros es el Pagugu, comúnmente llamado el bastón de los ancestros o el bastón caminante de Egun. El Pagugu es un bastón de aproximadamente 4 a 6 pies de altura, hecho del mismo sagrado madera que el Atori, y está decorado con varias piezas de ropa colorida atadas alrededor de él. Tradicionalmente había nueve telas, cada una de un color diferente. Nueve es nuevamente el número de Orisha Oya y tradicionalmente representa la diversidad de ancestros dentro del linaje de alguien. A menudo golpearemos el suelo nueve veces con el Pagugu en honor a nuestros ancestros para despertarlos e invocarlos.

ALGUNOS OTROS ELEMENTOS QUE UNO PUEDE TENER COMO PARTE DE SU ALTAR DE EGUN INCLUYEN:

Una cruz u otros símbolos culturales únicos que eran importantes para sus antepasados cuando estaban vivos. A menudo, mostraré una cruz en el altar de mis antepasados. La primera razón es porque representa el cruce entre el mundo espiritual y el mundo físico, y en segundo lugar, sirve como representación de los numerosos antepasados en mi genoma que se identificaron como cristianos. La cruz es un buen ejemplo de un símbolo que puede significar una cosa para un grupo de personas y otra cosa para un grupo diferente. Está bien utilizar símbolos de otras religiones en el altar de tus antepasados sin ser parte de esa religión. A menudo, también tengo un paquete sagrado de hierbas envuelto en cuero, comúnmente conocido como "paquete de medicina", en el altar de mis antepasados para representar a mis antepasados nativos indígenas americanos.

¿Qué es la Teja de Egun/ El Ladrillo de Egun?

También es posible que desee usar o pueda ver en uso un Ladrillo de Egun. El ladrillo es más común en la diáspora que en África. Tradicionalmente, el ladrillo se habría construido con la tierra de las tumbas o la tierra donde descansaban los antepasados de una persona. La tierra se mezclaba con arcilla y se cocía. Hoy en día, sin embargo, especialmente en la diáspora, el ladrillo se hace de arcilla de terracota y es consagrado por un Babalawo o Iyanifa. En la diáspora, el ladrillo a menudo simboliza la conexión con la madre patria, África, así como la tierra donde toda la humanidad descansará algún día. La tierra en Nigeria tiene un color terracota rojizo/marrón. Existe el mito de que algunos de los africanos esclavizados pudieron haber traído consigo algo de la tierra de su tierra natal al Caribe a través del Atlántico, y de esta tierra y la tierra y arcilla del nuevo mundo crearon un ladrillo que los conectó con sus antepasados en la madre patria.

Ere Egun: que se utilizan en una variedad de ceremonias religiosas y rituales en la cultura yoruba. A menudo están adornados con telas de colores brillantes, cuentas y otros materiales decorativos, y son una representación visual de los espíritus de los antepasados en algunas regiones y en otras regiones se cree que estos espíritus están habitados por los espíritus de los antepasados. Es común ver fotos de los antepasados de alguien en su altar. Es importante que cuando se utilicen fotografías en cualquier altar espiritual que honre a los muertos, las fotografías solo contengan una imagen del difunto y no contengan ninguna imagen de miembros vivos de la familia que no hayan fallecido.

. . .

Otras cosas importantes que incluir:Una vela blanca, a menudo uso velas con pilas porque representan menos riesgo de quemaduras. A menudo hay un vaso de agua o varios vasos de otras ofrendas o bebidas, y a veces un tazón con diversos alimentos. El altar de los antepasados se encuentra tradicionalmente en el suelo en una esquina cerca de una pared si está en la casa, pero a veces también se ven fuera de la casa. Construyendo un lugar para honrar a tus antepasados:Creo que todos tienen acceso a sus antepasados y pueden construir un altar ancestral por sí mismos sin necesidad de consagración religiosa, excepto por las diversas herramientas que discutimos anteriormente. Limpia y purifica el espacio que utilizarás para instalar el altar de tus antepasados o Boveda. Recomiendo usar incienso o salvia, o una combinación de estas cosas, para limpiar el espacio. Con el incienso o las hierbas que decidas usar, primero los encenderás con un fósforo o una llama y, con una pluma o tus propias manos, encenderás suavemente un poco de humo hacia el área que deseas limpiar. Al hacer esto, recitarás la siguiente oración en Español o yoruba, o cualquiera que te resulte más cómoda.

Oración para eliminar la energía negativa
Mo pe oruko Olodumare lati nu
Invoco el nombre del Todopoderoso
aaye yi kuro ki o si ko gbogbo
para limpiar este lugar y agbara buburu kuro.
Eliminar todas las fuerzas del mal. Mo juba Olorun,
Le doy respeto a Olodumare
Mo juba Eggun
Doy respeto a mis antepasados.
Mo juba Orisha
Doy respeto a los Orishas.

Ase Ooh!
***

Después de la oración y el incienso, normalmente dejo que el incienso se queme y se apague solo y lo dejo en el lugar que estoy limpiando, ya sea en un recipiente o en algún recipiente. Lo siguiente que haré será abrir la ventana para limpiar todas las energías para que el humo pueda sacar la energía. Después de esto usaré un poco de agua y una rama con hojas y rociaré agua en el área, estoy limpiando con la rama o con los dedos. A menudo disfruto agregando algunos aceites al agua, mi favorito es el de lavanda o rosa, pero puedes elegir hacer esto o no. Obras de agua corriente. Mientras hace esto, le sugiero que recite la siguiente oración llamada Omi Tutu:

La oración Omi Tutu
Necesitarás un pequeño recipiente con agua para esta oración.

Moja tus dedos o una rama en el agua y déjala caer al **SUELO,** y luego recita los siguientes versos:

Omi Tutu, Omi Tutu: Agua fría, Agua dulce
Omi Tutu, Omi Tutu: Agua fría, Agua dulce
Omi Tutu, Omi Tutu: Agua fría, Agua dulce

Nuevamente, moja tus dedos o una rama en el agua y déjala caer al **SUELO,** y luego recita el siguiente versículo:

Omi Tutu: Agua fresca, Agua dulce.
Ile Tutu: Refresca la casa.

Nuevamente, moja tus dedos o una rama en el agua y déjala caer al **SUELO,** y luego recita el siguiente versículo:

Omi Tutu: Agua fresca, Agua dulce.
Ona Tutu: Refresca mis caminos.

Nuevamente, moja tus dedos o una rama en el agua y déjala caer al **SUELO,** y luego recita el siguiente versículo:

Omi Tutu: Agua fresca, Agua dulce.
Egun Tutu: Refresca a los ancestros.

Mojuba Olodumare: Alabo a Olodumare
Mojuba Orishas: Alabo a los Orishas.

Mojuba Iya tobi Mi: Alabo a mi madre.
Mojuba Baba tobi mi: Alabo a mi padre.
Mojuba Eggun: Alabo a los ancestros.

Ase Oo!

***

Después de completar lo anterior, puedes comenzar a configurar tu santuario de antepasados.

Si está instalando su santuario para antepasados dentro del hogar. Lo primero que debes hacer es ubicar un rincón de la habitación que sea privado, quizás un lugar que adquiera la menor cantidad de tráfico ya sea de personas o mascotas. Encuentre el espacio antes de realizar el ritual de limpieza del espacio descrito anteriormente.

Reúne tus materiales: decide qué quieres poner en el santuario de tus antepasados. Es posible que desees comenzar con una configuración simple al principio que incluiría algunas fotos o un artículo que perteneció a tus antepasados, una vela blanca, una taza para darles a tus antepasados una ofrenda de bebida y un plato para darles ofrendas de comida. A veces, el santuario de los antepasados tendrá dos tazas, una para diversas ofrendas como café o alcohol y otra para agua que siempre estará disponible y llena. También se pueden incluir algunas flores, una planta viva o algo de incienso. Si tienes Atari Sticks, inclúyelos. Es habitual conservarlos en una sopera.

Preparación: Si el santuario está ubicado dentro y no afuera, debe estar en una esquina de la casa donde se unen las dos paredes y en el piso.

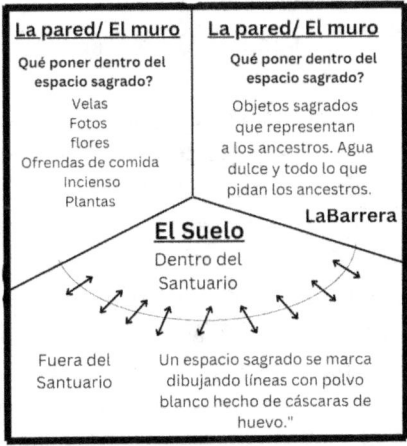

49

Asegúrate de limpiar todo el polvo y los escombros del área antes de instalar tu altar. Muchas personas dibujan una línea redonda en el suelo, de una pared a la otra, encerrando la esquina central, que es el área donde estará el altar de los antepasados. Si decides dibujar la línea, debes hacerlo con una tiza blanca llamada polvo de cascarilla, tradicionalmente hecha de cáscaras de huevo molidas. También puedes usar harina de maíz, harina o incluso azúcar para dibujar la línea, pero no uses sal. Después de esto, dibujarás 9 pequeñas líneas separadas a través del círculo para que parezca un sol con 9 rayos separados, como se muestra en la imagen de arriba. El interior de este círculo representa el espacio de tus antepasados, y el exterior representa todo lo demás.

¿Qué es el Espacio Sagrado?

Un espacio sagrado se refiere a un lugar que se considera santo o impregnado de poder espiritual, mientras que un espacio profano es simplemente el mundo físico ordinario. Una vez que dibujes la barrera que divide el espacio sagrado del altar de los antepasados del espacio profano del resto del mundo, es crucial que respetes este espacio como si ya no fuera parte del mundo ordinario, sino un lugar para los antepasados, como si fuera su hogar, porque es cuando vienen a visitarte. Si deseas ofrecerles algo o recuperar algo de dentro del espacio, debes preguntarles primero. Para hacerlo, obtén 4 conchas de cauri y ve a la sección de este libro sobre adivinación Obi para aprender más sobre cómo comunicarte con tus antepasados.

Abriendo el Santuario

Para hacer esto, golpearás el suelo nueve veces con el bastón de tu antepasado, el bastón Pagugu. Luego, encenderás una vela y la colocarás dentro del altar y dentro de la línea circular que dibujaste como barrera del altar, dividiendo el espacio de tu antepasado del tuyo o del espacio de otras cosas o personas. Puedes usar una pequeña vela o luz con pilas, que a menudo es menos peligrosa si lo deseas. El propósito de esto es proporcionar luz e iluminación a las energías espirituales que estás honrando y para invitarlas al espacio. Las velas o lámparas también se pueden usar para enfocar la atención e intenciones del practicante durante la meditación, la oración o al honrar a sus antepasados. Finalmente, derramarás un vaso fresco de agua clara para tus antepasados y lo pondrás dentro del altar con la luz. El agua es un poderoso símbolo de purificación. El agua se usa a menudo para purificarse antes de participar en prácticas espirituales, y también se usa para limpiar simbólicamente el espacio donde se llevará a cabo la práctica espiritual. El agua también se usa en ofrendas a los espíritus, como una forma de mostrar respeto y ofrecer algo puro y refrescante. Esto es esencialmente un altar básico de antepasados; el agua y la luz son los dos elementos más importantes necesarios para construir un altar básico, así como simplemente ofrecer el espacio para tus antepasados dentro de tu hogar o lugar de residencia. También necesitarás tu bastón Pagugu, como se mencionó anteriormente. Es importante tener en cuenta que este espacio está dedicado a tus antepasados y es, a su vez, su espacio. Usar el bastón Pagugu es el equivalente a llamar a la puerta y pedirles que te inviten a su espacio.

Finalmente, puedes recitar una oración o hablarles como si fueran una persona viva mientras estás sentado frente al altar. Lo más importante es estar presente y dedicar tiempo a sentarte con tus antepasados. Esto significa dejar de lado todas las demás cosas en tu vida y simplemente estar presente y escuchar esa voz interior que nos guía a todos. Si decides dar otra ofrenda de comida y bebida a tus antepasados, puedes elegir hacerlo en este momento si te sientes movido a hacerlo. La ofrenda más básica es un vaso de agua y una vela blanca, a menos que te pidan otras cosas también.

La comunicación con tus antepasados comienza hablando con ellos como si estuvieran presentes y pidiéndoles su guía y bendiciones. A medida que pases más tiempo en tu altar, desarrollarás la intuición de saber lo que quieren o están diciendo. Podrás acceder a tu matriz ancestral, lo que facilitará tu comunicación con ellos, pero esto llevará tiempo y dedicación haciendo el tiempo frecuentemente para honrarlos. A menudo usamos la adivinación como una herramienta para verificar si nuestra intuición es correcta. Para esto, necesitarás 4 conchas de cauri, una vez que las hayas adquirido, lee la sección del libro sobre adivinación obi que te enseñará cómo hacer preguntas para asegurarte de que tu intuición sea correcta.

CERRANDO EL SANTUARIO

Cuando termines, agradece a tus ancestros por su presencia y guía. Apaga las velas, no se debe soplar las velas, sino apagarlas. Si son velas con pilas, puedes dejarlas encendidas. Esto es totalmente a tu elección. Siempre recomiendo que las velas reales se apaguen debido al riesgo de incendio.

Finalmente, puedes elegir cubrir el altar con un paño blanco para evitar que caiga polvo y suciedad. Esto también depende de ti. Normalmente pongo un paño blanco sobre algunos de los vasos o ofrendas de comida, así como sobre mis bastones Atori y cualquier otra ofrenda que se haya hecho, pero esto también depende totalmente de tus preferencias. Finalmente, es importante mantener el altar: límpialo y mantenlo regularmente. Dedicarte al altar de tus ancestros se debe hacer al menos una vez a la semana para mantener fuerte la conexión con ellos.

Por qué invocamos a nuestros ancestros para que nos apoyen?

Cuando invocamos a nuestros ancestros, estamos invocando a todos los ancestros que nos apoyan. Estamos llamando a todas las personas que son responsables de nuestro nacimiento hasta el principio de los tiempos. Los estamos recordando y haciéndoles saber que reconocemos sus sacrificios para que estemos aquí. Esta conciencia ancestral es parte de nuestro ADN y lo que heredamos de quienes vivieron antes que nosotros. Se cree que debido a esta conexión, podemos conectarnos con ellos. Esta conexión se remonta a la creación primordial y al primer humano. Independientemente de raza, cultura o clase, todos tenemos muchas más similitudes biológicas que diferencias y todos venimos del mismo lugar. Por eso honramos a nuestros ancestros.

¿Qué debo dar a mis antepasados?

Algunas ofrendas a los ancestros incluyen flores blancas, velas blancas, agua, nueces de cola, gachas blancas con azúcar y leche, frijoles negros, varias frutas como plátanos verdes, café, bebidas alcohólicas son algunas de las cosas que se pueden ofrecer a los ancestros. Incluyendo algunas de las cosas que pudieron haber comido cuando estaban vivos.

Nota: *A veces escucharás que a los ancestros se les llama "Egun Baba" para los ancestros masculinos por parte de nuestro padre y "Egun Iya" para los ancestros femeninos por parte de nuestra madre. Estos términos se usan a menudo para invocar a las almas de nuestros ancestros directos, como las almas de nuestros padres y abuelos por parte de la madre y el padre.*

Los Egun regionales y nacionales a menudo se denominan Egun Agbegbe. Estos ancestros suelen ser honrados por toda la comunidad y sus altares a veces se colocan en lugares públicos de la ciudad o pueblo. Estos ancestros pueden ser considerados héroes nacionales o locales, reyes y otras personas que han tenido un impacto en la comunidad. Muchos yoruba consideran a Odùdúwà como el primer ancestro espiritual que une a todos los yoruba. A menudo es común que los descendientes directos de estos ancestros cuiden del altar comunal público, que es el altar ubicado en la plaza o lugar público de la ciudad. Estos altares públicos suelen estar a cargo de los descendientes de sangre de los Eguns mismos o de alguien que es elegido para el puesto si no hay un descendiente presente. Este puesto de cuidado de estos altares públicos a menudo se considera un puesto de servicio público honorable, que incluiría recibir donaciones de la gente y ser compensado financieramente por el estado por esta tarea de cuidar los altares.

Sobre el Tema de la Oración

La palabra "Oriki" se usa a menudo de manera genérica dentro de la tradición espiritual yoruba para referirse a la oración. "Oriki" se traduce como poema o poesía. Es tradicional que las oraciones se escriban y reciten en idioma yoruba. Se dice que los Orishas pueden entender todos los idiomas, así que si no sabes yoruba, está bien. Sin embargo, a menudo es tradicional usar el idioma yoruba en ceremonias, rituales, oraciones y otras formas de devoción en la tradición de Orisha. Esto es incluso cierto en muchas de las tradiciones de la diáspora donde todavía se usa un dialecto de yoruba para fines religiosos, como en Cuba.

VARIOS TIPOS DE ORACIONES

Existen varias clases diferentes de oraciones dentro de la tradición de Orisha. Aquí hay una lista de algunos de los diferentes tipos de oraciones:

- *Oriki-Adura: Estas a menudo se consideran oraciones generales que se dicen a menudo y con frecuencia. Son las oraciones más comunes y se usan diariamente. A menudo se recitan de la misma manera cada vez y se dicen con frecuencia.*

- **Oriki Egun:** *Estas son oraciones que honran y buscan guía, bendiciones y sabiduría de los ancestros.*
- **Oriki Iyere:** *Oraciones pidiendo algo, solicitando algo o pidiendo ayuda o apoyo en la vida.*
- **Oriki Orin Iyin:** *Estas oraciones a menudo se cantan para honrar lo divino y son parte de un ritmo musical.*

En resumen, la oración tiene una importancia inmensa en la tradición espiritual Yoruba, cumpliendo diversos roles para diferentes propósitos y eventos. Ya sea buscando guía de los Orishas, rindiendo homenaje a los ancestros o expresando gratitud a lo divino, la oración actúa como un canal crucial para la comunicación y la conexión espiritual.

* * *

CAPÍTULO 7
SPIRITISMO: ¿QUÉ ES?

EL ESPIRITISMO, también conocido como Espiritismo en español o Kardecismo, es una filosofía espiritualista fundada por Allan Kardec a mediados del siglo XIX en Francia. Se difundió por toda Europa y se incorporó a muchas tradiciones religiosas indígenas y africanas en Brasil, como la Umbanda y el Candomblé. Desde Brasil, se extendió al Caribe, pasando a formar parte de las prácticas de Lucumí/Santería en esa región.

El Espiritismo se basa en la creencia en la existencia de espíritus y su comunicación con los vivos. Enseña que el alma es inmortal y, después de la muerte, entra en un reino espiritual donde puede seguir evolucionando y aprendiendo. Se cree que este reino está dividido en diferentes niveles, cada uno correspondiente al desarrollo espiritual de las almas que lo habitan. Los espiritistas creen en la reencarnación y que los espíritus pueden comunicarse con los vivos a través de médiums, que actúan como canales entre los dos mundos. Se utilizan prácticas como las sesiones de espiritismo, la meditación y la oración para comunicarse con los espíritus. El Espiritismo enfatiza la importancia de la caridad, la bondad y los valores morales en la vida cotidiana. La creencia más básica de esta filosofía es que el mundo está compuesto de dos sustancias fundamentales, la materia y el espíritu.

En la diáspora yoruba, particularmente en el Candomblé, la Umbanda y la Santería, el Espiritismo se ha integrado en la espiritualidad de Orisha y la veneración de los ancestros. Aunque el Espiritismo no se origina en la tierra yoruba, sus enseñanzas se alinean con la práctica yoruba de veneración de los ancestros, y es ampliamente aceptado en las comunidades de la diáspora yoruba. El Espiritismo sostiene que los seres humanos son espíritus que habitan cuerpos físicos y que la comunicación con el mundo espiritual es esencial para recibir orientación. También cree en el concepto de karma, donde cada acción tiene consecuencias, y que la evolución espiritual se logra a través de la superación personal y la conducta moral.

¿Qué es la umbanda?

Umbanda es una religión sincrética que surgió de una mezcla entre la tradición yoruba Orisha, el catolicismo, el espiritismo kardecista y las creencias indígenas de los nativos amazónicos. Umbanda evolucionó y se originó en Brasil. Umbanda se centra en la adoración de los Orishas. Se considera que los Orishas tienen el poder o el Ase para ayudar y sanar a los necesitados, y para brindar orientación y protección a sus seguidores. Una práctica clave única de Umbanda es el médium/sacerdote. Los sacerdotes y sacerdotisas de esta tradición no solo son vistos como médiums, sino que deben mostrar algún nivel de capacidad mediúnica para ser ordenados completamente dentro de la religión. Cuando el médium sacerdote o sacerdotisa entra en trance, a menudo mostrará signos físicos de posesión, como cambios en su voz, comportamiento y apariencia. Umbanda también pone un fuerte énfasis en la caridad y la ayuda a los necesitados. Se cree que al ayudar a los demás, los practicantes también están ayudando a los Orishas y fortaleciendo su propia conexión espiritual.

¿Qué es un boveda?

Una Bóveda es un altar o santuario especial utilizado en el Espiritismo Kardecista para honrar a varios espíritus. Suele ser una pequeña mesa o armario en el hogar o lugar de residencia de uno, a veces ubicado en una esquina o en una parte de la casa que es apartada o privada. La mesa a menudo tendrá un mantel blanco extendido sobre ella y contendrá varios vasos o copas de agua, cada uno representando un espíritu particular que se honra, referido como "las Fuentes" o las fuentes espirituales. Estas copas suelen estar llenas de agua fresca con el propósito de permitir a los espíritus limpiar y purificar el espacio, y el agua debe ser clara y no turbia. Otros objetos incluyen a veces una cruz para simbolizar el cruce entre el mundo físico y el espiritual. Una cruz cristiana o un rosario pueden ser utilizados a menudo, pero no necesariamente tienen el mismo significado que en el cristianismo. La cruz es un símbolo común en las religiones afro-caribeñas como la Santería, el Vodú y el Palo Mayombe, utilizada para simbolizar al guardián de la puerta, así como las diferentes dimensiones del espíritu y los mundos físicos, y en el centro se unen ambos.

Otros objetos en la Bóveda pueden incluir varias velas, flores y otras ofrendas.

La Bóveda se utiliza típicamente como punto focal para la oración, la meditación y la comunicación con el mundo espiritual. En la Santería, la Bóveda se utiliza para honrar el Egbe o compañeros celestiales de una persona, mientras que un altar de ancestros se utilizaría para honrar a sus ancestros, como hablamos anteriormente, ubicado en el suelo en una esquina de una habitación. En el Vodú, una Bóveda se utiliza para conectarse con los lwa o espíritus, y para pedir su ayuda en diversas áreas de la vida. En el Palo Mayombe, la Bóveda se utiliza para comunicarse con los espíritus de los muertos y para realizar diversos rituales mágicos. Una Bóveda a menudo tiene sobre ella muchos vasos de agua fresca que se denominan Fuentes. Cada vaso puede representar un espíritu particular o una familia espiritual particular. A menudo se organizan en la mesa o mesa una al lado de la otra de diversas maneras. Las diferentes formas en que se organizan pueden significar cosas diferentes en diferentes casas espirituales. Cuando se usan vasos de agua, ya sea para una Bóveda o para un altar de ancestros, es importante saber cómo leerlos.

¿Cómo leer las Fuentes o vaso de agua en tu Bóveda o santuario de los antepasados?

"Es importante entender lo que los espíritus están comunicando. Cuando el agua en un vaso está turbia o nublada, puede indicar la necesidad de una limpieza más profunda. Esto podría significar que necesitas limpiarte a ti mismo, el altar de tus ancestros o tu Boveda. También puede sugerir que necesitas pasar más tiempo con tus ancestros, tu Egbe, o prestar más atención a sus mensajes. Aquí está lo que debes hacer inmediatamente:

- *Limpia el vaso y vuelve a llenarlo con agua fresca y limpia.*
- *Toma nota del agua turbia.*

A menudo se recomienda limpiar la habitación y el área alrededor del altar, colocar flores frescas y coloridas cerca, ofrecer algo dulce a los espíritus y tomar un baño. Puedes usar el sistema de adivinación Obi para hacer preguntas de sí o no para entender la causa del agua turbia o buscar una lectura de adivinación de un Sacerdote o Sacerdotisa confiable y de buena reputación. Si el agua se vuelve turbia con frecuencia, podría deberse a la calidad del agua en sí. Sin embargo, si descartas esto, es esencial encontrar la causa espiritual.

Pregúntate a ti mismo: *¿Qué en mi vida está confuso o turbio? ¿Estoy bajo ataque espiritual? ¿Tengo estrés emocional o físico significativo? ¿Estoy atendiendo a mi salud mental y física y seguridad?*

Una vez que creas haber identificado el problema, consulta a tus ancestros. Usa el Obi para confirmar sus respuestas. Si dicen que sí, continúa haciendo preguntas hasta obtener respuestas claras. Comienza ofreciéndoles artículos básicos como agua y luz, y si es necesario, pasa a ofrendas más específicas como frutas o miel. Si confirman con un sí, entonces tu consulta está completa. Si continúan diciendo que no, sigue haciendo preguntas. Recuerda, podrían estar pidiendo algo simple, como pasar más tiempo con ellos. Si te confundes, es mejor consultar a un Sacerdote o Sacerdotisa competente para obtener orientación. No hagas suposiciones.

LEER BURBUJAS EN EL AGUA

Si el agua está clara pero no hay burbujas en el vaso, normalmente indica que se necesita hacer más comunicación y una persona necesita hacer adivinación y preguntar a los ancestros qué más necesitan. Esto es a menudo una indicación de que los ancestros necesitan una ofrenda. Cuando ofrecemos ofrendas a nuestros ancestros, lo que hacemos es proporcionarles energía y esta energía se les da para que a su vez puedan transformarla en las cosas que necesitamos en nuestras vidas. No queremos, sino necesitamos. Si hay burbujas, normalmente indica que los espíritus están presentes y todo está estable. También indica que los ancestros han recibido las ofrendas o nuestros mensajes y están al tanto de lo que está pasando. Si las burbujas en el vaso no están distribuidas equitativamente, por ejemplo, hay muchas burbujas concentradas en un área del vaso y pocas en otras áreas del vaso, esto puede indicar que la relación entre la persona y los ancestros es limitada y necesita mejorar. Esto puede significar que la persona necesita pasar más tiempo en el altar o Boveda de sus ancestros. También puede significar que los espíritus pueden estar pidiendo algo más.

Nota: *Las burbujas a menudo indican que no hay energía negativa pesada presente y alrededor del individuo. Las burbujas también pueden indicar el proceso de eliminación de energías negativas. A veces se recomienda que la persona use el agua ofrecida al espíritu en un baño u otra forma para ayudar a limpiarlos si la persona le pide al espíritu que lo haga.*

* * *

A continuación se detallan los pasos básicos para leer la llama de una vela en el Espiritismo:

Selecciona un lugar sereno y tranquilo que esté libre de cualquier perturbación o interrupción. Enciende una vela blanca y concentra tu atención en la llama.

Nota: Solo debes usar velas blancas en el altar o Boveda de tus ancestros. Nunca uses otros colores, especialmente colores oscuros. El color blanco representa pureza y alta energía espiritual, así como paz y luz.

Observa cuidadosamente la llama, tomando nota de su color, altura y movimiento. Presta mucha atención a los patrones que exhibe la llama, como espirales, chispas o cambios bruscos de dirección. Consulta a tus guías espirituales y ancestros para obtener orientación y aclaración sobre cómo interpretar la llama. Mantén una mente abierta para cualquier visión o mensaje que pueda llegar a ti. Escríbelos para no olvidarlos más tarde cuando realices esta tarea en un futuro. Una vez terminado, nunca apagues una vela con el soplo, sino que apaga la llama. Aquí hay algunas interpretaciones básicas de la llama de la vela. Si la llama es alta y constante, puede ser una señal de energía positiva saludable en la atmósfera y los espíritus están en paz y cómodos. Si la llama está parpadeando o es inestable, puede ser una señal de que la llama está quemando algo de energía negativa o puede haber una presencia de algo de negatividad.

Mi recomendación es quemar salvia o lavanda en la habitación. Si no quieres quemar nada, puedes usar una botella de spray y rociar agua fresca con aceite de lavanda o hierba, o aceite de salvia o hierba mezclado en ella. Una vez que mezcles la hierba o el aceite en el agua dentro del recipiente, deja caer un pequeño cristal de cuarzo o una roca clara en el fondo del recipiente y agítalo después. Puedes usar esta agua para rociar en las esquinas de la habitación. Se recomienda que continúes dejando que el fuego arda (a menos que sea un peligro) hasta que se apague o la llama se vuelva constante. Si necesitas apagarlo, puedes preguntar a tus ancestros y guías espirituales qué está pasando usando la adivinación obi. (Consulta las instrucciones sobre adivinación en los capítulos posteriores).

Si la llama está parpadeando o es inestable, te recomiendo que, si aún no lo has hecho, cambies el agua del altar que está más cerca de la vela o coloques un vaso de agua clara y fría en el altar para equilibrar la llama parpadeante y ayudar a despejar el espacio. También es posible que desees usar la adivinación para preguntar a los ancestros o guías espirituales si necesitan alguna ofrenda en este momento para ayudar a eliminar cualquier negatividad y ayudar a fortalecerlos. Nota: una llama puede estar parpadeando o inestable debido a una corriente de aire en el área si las ventanas están abiertas.

Una llama brillante y clara indica claridad de propósito o intención, mientras que una llama tenue o humeante puede indicar confusión o incertidumbre. Si la llama está tenue o pequeña, primero mira si el agua entró en la vela o si hay una corriente de aire en el área; de lo contrario, sigue mis recomendaciones anteriores si obtienes una llama parpadeante o inestable. Una llama tenue puede indicar que necesitas limpiar tu altar. De nuevo, cuando tengas dudas, ¡pregúntales a través de la adivinación! Una espiral u otro patrón inusual en la llama puede representar un mensaje o guía del mundo espiritual. En esta situación, puedes usar la adivinación para averiguar cuál es ese mensaje. También te sugiero que vayas a una lectura de IFA con un Babalawo o Iyanifa competente.

Es importante recordar que leer una llama de vela no es una ciencia exacta y que diferentes personas pueden interpretar la llama de manera diferente. El aspecto más importante de esta práctica es permanecer abierto y receptivo a la guía y los mensajes que puedan llegar. Se trata de desarrollar ese sentido de intuición espiritual que se obtiene al trabajar más de cerca con tus guías espirituales personales, lo que lleva tiempo desarrollar.

* * *

ADIVINACIÓN USANDO
CARTAS DE JUEGO

El arte de usar cartas de juego para la adivinación es hoy en día un arte perdido. Pensé que lo incluiría en este capítulo debido a su importancia histórica entre muchos de los tradicionalistas de la vieja escuela. Esta forma tradicional de adivinación todavía se practica y se puede encontrar en Cuba entre los practicantes de Santería, donde usan la baraja de cartas española, y entre los espiritualistas de Haití. Al igual que el arcano menor en la baraja del Tarot, cada palo simboliza a menudo un tema particular o energía elemental que se cree que se manifiesta de diversas maneras en la vida.

Al leer las cartas, a menudo escogemos cinco cartas de la baraja, con cada carta representando lo siguiente:

Primera carta
puede simbolizar el pasado o una situación que condujo al presente o al evento actual.

Segunda carta
puede simbolizar la situación presente, el evento o un obstáculo que alguien está enfrentando actualmente.

Tercera carta
puede simbolizar un evento futuro, un resultado o un evento que aún no ha sucedido.

Cuarta carta
representa claridad, consejo, guía sobre la segunda carta. Coloca la cuarta carta encima de la segunda carta.

Quinta carta
representa claridad, consejo, guía sobre la tercera carta. Coloca la quinta carta encima de la tercera carta.

* * *

INTERPRETANDO LOS SIGNIFICADOS DE LAS CARTAS

ESPADAS

En la adivinación, las Espadas a menudo se asocian con el elemento aire y con la suite de Espadas tanto en el Tarot como en la baraja española. Cuando las Espadas aparecen en una lectura, se cree que representan desafíos, obstáculos y conflictos, así como problemas en los que debemos trabajar en nuestra vida.

AS DE ESPADAS

Palabras clave: Cambio repentino, transición, nuevos comienzos, finales, claridad mental, toma de decisiones. Esta carta a menudo significa un cambio significativo o una transformación en tu vida. Puede representar el final de una fase y el comienzo de otra. Aunque el cambio pueda parecer desafiante, finalmente funciona a tu favor.

DOS DE ESPADAS

Palabras clave: Obstáculos, indecisión, eventos inesperados, dualidad, equilibrio. Esta carta sugiere que podrías estar enfrentando un dilema o una encrucijada. Las opciones conflictivas o las circunstancias imprevistas pueden estar dificultando la decisión. Es un momento para buscar el equilibrio y considerar todos los puntos de vista.

TRES DE ESPADAS

Palabras clave: Tristeza, dolor, pérdida, duelo, curación emocional. Esta carta a menudo refleja sentimientos de tristeza o pérdida, posiblemente debido a eventos pasados que aún te afectan. Sirve como un recordatorio para abordar y sanar estas emociones para avanzar.

CUATRO DE ESPADAS

Palabras clave: Descanso, retiro, curación, aislamiento, meditación, claridad. Esta carta indica la necesidad de descanso o un período de recuperación. Puede sugerir agotamiento físico o emocional, enfatizando la importancia de priorizar tu bienestar.

CINCO DE ESPADAS

Palabras clave: Conflicto, desafío, competencia, cambio, arrepentimiento, deshonor. Esta carta a menudo representa dificultades o confrontaciones. Puede indicar la necesidad de cambio o resaltar una situación difícil que estás enfrentando.

SEIS DE ESPADAS

Palabras clave: Estrés, ansiedad, angustia mental, soledad, turbulencia interna. Esta carta sugiere sentimientos de estrés, ansiedad o angustia emocional. Puede ser una señal de que necesitas enfocarte en tu salud mental y bienestar general.

SIETE DE ESPADAS

Palabras clave: Engaño, secreto, información oculta, conflictos emocionales. Esta carta indica la posibilidad de engaño o agendas ocultas. Sirve como un recordatorio para ser cauteloso y consciente de tu entorno.

OCHO DE ESPADAS

Palabras clave: Superación de obstáculos, curación de traumas, perseverancia. Esta carta significa la capacidad de superar desafíos y sanar de experiencias pasadas. Fomenta la perseverancia y la resiliencia.

NUEVE DE ESPADAS

Palabras clave: Sufrimiento, ansiedad, inseguridad, enfermedad, adicción, transformación. Esta carta a menudo representa sentimientos de miedo, ansiedad o inseguridad. Puede indicar la necesidad de sanación o transformación.

PAJE DE ESPADAS

Palabras clave: Desafíos, obstáculos, competencia, rivales, manipulación, inmadurez. Esta carta sugiere posibles desafíos u obstáculos por delante. Puede indicar la necesidad de ser cauteloso y consciente de tu entorno.

CABALLERO DE ESPADAS

Palabras clave: Coraje, conflicto, sabiduría, acción decisiva, posibles malas noticias. Esta carta representa una personalidad fuerte y decisiva. Puede indicar la necesidad de coraje o acción decisiva en una situación desafiante.

REY DE ESPADAS

Palabras clave: Autoridad, liderazgo, control, crecimiento intelectual, superación de obstáculos. Esta carta significa una figura fuerte y autoritaria. Puede representar cualidades de liderazgo o la capacidad de superar desafíos.

* * *

OROS

En la adivinación, los diamantes suelen asociarse con el elemento tierra y con los Pentaculos o Monedas tanto en la baraja del Tarot como en la baraja española. Los diamantes a menudo representan las posesiones materiales de uno, el dinero y las cosas de carácter físico.

AS DE OROS

Palabras clave: Nuevos comienzos, oportunidades financieras, prosperidad, éxito, superación de obstáculos, equilibrio. Esta carta a menudo significa nuevos comienzos, especialmente en asuntos financieros. Puede representar oportunidades de crecimiento, prosperidad y superación de desafíos.

DOS DE OROS

Palabras clave: Asociaciones, contratos, negociaciones, acuerdos, competencia. Esta carta sugiere un enfoque en asociaciones, negocios y competencia potencial. Puede representar la necesidad de equilibrio y habilidades de negociación.

TRES DE OROS

Palabras clave: Colaboración, trabajo en equipo, dominio, relaciones comerciales, riqueza financiera. Esta carta destaca la importancia de la colaboración y el trabajo en equipo. Sugiere potencial para el éxito a través de asociaciones y la construcción de sólidas relaciones comerciales.

CUATRO DE OROS

Palabras clave: Acumulación, posesividad, miedo a la pérdida, problemas financieros, codicia. Esta carta a menudo representa un enfoque en las posesiones materiales y el miedo a la pérdida. Puede advertir contra la codicia y el potencial de dificultades financieras.

CINCO DE OROS

Palabras clave: Encontrar soluciones, superar desafíos, perseverancia. Esta carta sugiere la capacidad de superar desafíos y encontrar soluciones a problemas difíciles. Fomenta la perseverancia y la resistencia.

SEIS DE OROS

Palabras clave: Inestabilidad, incertidumbre, dificultades, obstáculos temporales. Esta carta indica posibles desafíos o dificultades temporales. Sugiere que con perseverancia y una actitud positiva, estos obstáculos pueden ser superados.

SIETE DE OROS

Palabras clave: Paciencia, perseverancia, satisfacción, ingenio intuitivo. Esta carta enfatiza la importancia de la paciencia y la perseverancia. Sugiere que el éxito se puede lograr a través del trabajo duro y una actitud positiva.

OCHO DE OROS

Palabras clave: Reflexión, aprendizaje, talentos ocultos, inestabilidad. Esta carta sugiere la necesidad de reflexión e introspección. Puede indicar la presencia de talentos ocultos o el potencial para el crecimiento personal.

NUEVE DE OROS

Palabras clave: Cambios en el trabajo, los negocios, las relaciones, problemas no resueltos, agitación emocional, pérdida financiera. Esta carta a menudo representa cambios o desafíos en el trabajo, los negocios o las relaciones. Puede indicar la necesidad de abordar problemas no resueltos y estar preparado para posibles dificultades.

PÁGINA DE OROS

Palabras clave: Practicidad, ingenio, adaptabilidad, flexibilidad. Esta carta sugiere una personalidad práctica y adaptable. Puede indicar la capacidad de manejar desafíos y encontrar soluciones creativas.

CABALLERO DE OROS

Palabras clave: Practicidad, ingenio, inteligencia práctica, sentido común. Esta carta representa un enfoque práctico y fundamentado. Sugiere la capacidad de usar el sentido común y la inteligencia para lograr objetivos.

REY DE OROS

Palabras clave: Energía masculina, autoridad, riqueza, éxito financiero, estabilidad. Esta carta a menudo significa una figura masculina fuerte y autoritaria. Puede representar el éxito financiero, la estabilidad y la capacidad de proveer y liderar.

* * *

BASTOS

En la adivinación, las varas o bastones suelen asociarse con el elemento fuego tanto en la baraja del Tarot como en la baraja española y a menudo representan la creatividad, la inspiración y tus planes, así como las oportunidades en la vida.

AS DE BASTOS

Palabras clave: Éxito, logro, victoria, energía creativa, inspiración, nuevos comienzos. Esta carta a menudo representa el comienzo de un nuevo proyecto o esfuerzo. Significa energía creativa, inspiración y el potencial para el éxito.

DOS DE BASTOS

Palabras clave: Decisiones, elecciones, oportunidades, esperanzas, sueños. Esta carta sugiere la necesidad de tomar decisiones o elecciones que darán forma a tu futuro. A menudo representa la búsqueda de metas y aspiraciones.

TRES DE BASTOS

Palabras clave: Crecimiento, expansión, progreso, asociaciones, trabajo en equipo. Esta carta destaca la importancia de las asociaciones y la colaboración. Significa crecimiento, expansión y el potencial para el éxito a través del trabajo en equipo.

CUATRO DE BASTOS

Palabras clave: Trabajo duro, productividad, crecimiento, determinación, superación de obstáculos. Esta carta enfatiza la necesidad de trabajo duro y dedicación. Sugiere que la perseverancia y la determinación son clave para lograr los objetivos.

CINCO DE BASTOS

Palabras clave: Uso de conocimiento, experiencia y habilidades para el éxito. Esta carta sugiere la importancia de aplicar tus conocimientos y experiencia para lograr tus objetivos. Indica el potencial para el éxito a través de tus habilidades y capacidades.

Seis de Bastos

Palabras clave: Depresión profunda, parálisis, energías negativas, necesidad de cambio. Esta carta a menudo representa sentimientos de depresión o parálisis. Sugiere que un cambio de perspectiva o enfoque es necesario para superar estos desafíos.

Siete de Bastos

Palabras clave: Defensividad, defenderse, perseverancia. Esta carta indica la necesidad de asertividad y perseverancia. Sugiere que defenderse es importante para lograr tus objetivos.

Ocho de Bastos

Palabras clave: Dependencia, control, relaciones insalubres. Esta carta a menudo representa problemas de dependencia o control en las relaciones. Sugiere la necesidad de límites y comunicación más saludables.

Nueve de Bastos

Palabras clave: Logros, recompensas, reconocimiento, honores, resiliencia, perseverancia, determinación. Esta carta significa éxito, logros y reconocimiento. Destaca la importancia de la resiliencia y la perseverancia para superar los desafíos.

Página de Bastos

Palabras clave: Creatividad, innovación, toma de riesgos, emprendimiento. Esta carta representa un espíritu creativo e innovador. Sugiere una disposición a tomar riesgos y perseguir nuevas oportunidades.

Caballero de Bastos

Palabras clave: Independencia, liderazgo, autoridad, autosuficiencia, empresario exitoso. Esta carta significa una personalidad fuerte e independiente. Sugiere cualidades de liderazgo y el potencial para el éxito en los negocios o el emprendimiento.

Rey de Bastos

Palabras clave: Empresario, prosperidad, creatividad, innovador, creador de oportunidades. Esta carta representa una figura exitosa e influyente. A menudo significa un líder empresarial fuerte o alguien que puede crear oportunidades e impulsar la innovación.

* * *

COPAS

En la adivinación, los corazones o copas suelen asociarse con el elemento agua tanto en la baraja del Tarot como en la baraja española y a menudo representan las emociones y las relaciones con los demás a nuestro alrededor.

AS DE COPAS

Palabras clave: Nuevas relaciones, comienzos, reubicación, conexión emocional. Esta carta a menudo significa el comienzo de un nuevo viaje o conexión emocional. Puede representar nuevas relaciones, amistades o asociaciones románticas.

DOS DE COPAS

Palabras clave: Armonía, equilibrio, asociaciones, conexiones, niños, familia. Esta carta sugiere una relación armoniosa y equilibrada. A menudo representa asociaciones, conexiones familiares y satisfacción emocional.

TRES DE COPAS

Palabras clave: Celebración, alegría, felicidad, amistad, noticias inesperadas. Esta carta significa alegría, celebración y conexiones positivas. A menudo representa amistad, felicidad y buenas noticias.

CUATRO DE COPAS

Palabras clave: Intuición, confianza, guía interna, estancamiento emocional. Esta carta sugiere la importancia de confiar en tu intuición y guía interna. Puede indicar la necesidad de abordar el estancamiento o la insatisfacción emocional.

CINCO DE COPAS

Palabras clave: Alegría, armonía, equilibrio, relaciones. Esta carta representa un estado emocional positivo y armonioso. Sugiere relaciones fuertes y satisfactorias.

SEIS DE COPAS

Palabras clave: Nostalgia, recuerdos, infancia, tristeza, relaciones pasadas. Esta carta a menudo representa nostalgia o anhelo por el pasado.

Puede indicar la necesidad de abordar problemas emocionales no resueltos de relaciones pasadas.

SIETE DE COPAS
Palabras clave: Sueños, imaginación, posibilidades, elecciones. Esta carta significa sueños, imaginación y el potencial para nuevas posibilidades. Sugiere la necesidad de tomar decisiones y perseguir tus objetivos.

OCHO DE COPAS
Palabras clave: Dejar ir, seguir adelante, cambio, liberación emocional. Esta carta a menudo representa la necesidad de dejar ir el pasado y seguir adelante. Sugiere liberación emocional y una disposición a aceptar el cambio.

NUEVE DE COPAS
Palabras clave: Generosidad, felicidad, satisfacción, cumplimiento. Esta carta sugiere la importancia de la generosidad y una actitud positiva. Significa felicidad, satisfacción y bienestar emocional.

PÁGINA DE COPAS
Palabras clave: Amabilidad, romance, encanto, creatividad. Esta carta representa una personalidad amable, romántica y creativa. Sugiere un enfoque en las conexiones emocionales y las actividades creativas.

CABALLERO DE COPAS
Palabras clave: Cuidado, atención, empatía, compasión. Esta carta significa una naturaleza cariñosa y compasiva. Sugiere un enfoque en el bienestar emocional y el cuidado de los demás.

REY DE COPAS
Palabras clave: Expectativas poco realistas, fantasías, madurez emocional. Esta carta a menudo representa la necesidad de abordar expectativas o fantasías poco realistas. Sugiere la importancia de la madurez emocional y las relaciones saludables.

* * *

Florida Water (agua de florida) es un agua fragante y similar a la colonia, similar al eau de colonia tradicional europeo, creado por primera vez en el siglo XIX. Más allá de su agradable aroma, se utiliza ampliamente en las tradiciones Hoodoo afrocaribeñas, latinoamericanas y de Nueva Orleans para limpiar, proteger y atraer energía positiva, ayudando a eliminar la negatividad y potenciar rituales. Aunque el agua de Florida comprada en tienda es práctica, a menudo contiene ingredientes sintéticos.

Agua Espiritual
Una alternativa natural al agua en Florida

Spirit Water es una mezcla natural y casera y una mejor alternativa al Florida Water comprado en tienda. Elaborado a partir de hierbas, aceites esenciales y otros ingredientes naturales, ofrece los mismos beneficios espirituales, incluyendo limpieza, protección y atracción de energía positiva, sin aditivos artificiales. En mi experiencia, el Agua Espiritual es mucho más poderosa y eficaz para el trabajo espiritual. Esta es mi receta personal, pero puedes ajustarla añadiendo o quitando hierbas e ingredientes para crear una mezcla que mejor se alinee contigo y con tu práctica espiritual.

Ingredientes para la elaboración Agua Espiritual

- **1 taza de vodka, ron u otro alcohol claro y 1 taza de agua destilada** – *Actúa como conservante natural y limpiador energético.*
- **Alternativa al alcohol:** *Mezcla 5 cucharadas de vinagre blanco con 2 tazas de agua destilada para limpiar y purificar la energía. Para mayor protección, limpieza espiritual y para ayudar a conservar la mezcla, puedes añadir opcionalmente 1 cucharada de sal marina.*
- **1–2 cáscaras de naranja** – *Atrae alegría, prosperidad y energía positiva.*
- **1/2 cáscara de limón** – *Promueve la limpieza, la protección y la eliminación de la negatividad.*
- **1–2 cucharaditas de capullos de lavanda secos** (*o unas gotas de aceite esencial de lavanda) – Aporta paz, calma y purificación espiritual.*
- **1–2 cucharaditas de pétalos de rosa secos** – *Fomenta el amor, la armonía y la sanación emocional.*

- **2-3 palitos de canela** – *Atrae éxito, abundancia y protección.*
- **Varios clavos enteros** – *Refuerza la protección y la resiliencia espiritual.*
- **1-2 cucharaditas de hojas secas de menta** (*o unas gotas de aceite esencial de menta*) – *Invita a la claridad, la frescura y una energía revitalizante.*
- **1 hoja de laurel** – *Símbolo de prosperidad, éxito y manifestación.*
- **1-2 cucharaditas de hoja de salvia seca** – Elimina la negatividad y purifica el campo energético.
- **1-2 cucharaditas de extracto de vainilla** *por cada 2 tazas de líquido (a base de alcohol o agua)*
- *Opcional: 1/2 cucharadita de cáscara seca de bergamota (o 3–5 gotas de aceite esencial de bergamota) – Potencia la energía estimulante, la alegría y el equilibrio emocional.*

INSTRUCCIONES

1. Combina todas las hierbas, cáscaras y especias *en un tarro o botella de cristal limpio. Añade el alcohol (o la mezcla de vinagre y agua) y remueve suavemente. Evita usar cualquier ingrediente que sepas que puede causar una reacción alérgica.*

2. Si se utiliza la versión de agua destilada: *Herve suavemente el agua con todas las hierbas, cáscaras y especias durante unos 2 minutos para reducir impurezas o bacterias. Retira del fuego, deja que la mezcla se enfríe completamente y luego añade los aceites esenciales. Este proceso ayuda a preservar la frescura y mejora la potencia energética de la mezcla.*

3. Sella bien el tarro *y guárdalo en un lugar fresco y oscuro. Deja reposar la mezcla durante 3–5 semanas, agitando suavemente una vez a la semana para mezclar las energías.*

4. Después de infusionar, filtrar *El líquido pasa por un colador de malla fina o una gasa para eliminar todos los sólidos.*

5. Vierte *el Agua espiritual terminada en una botella de cristal limpia o pulverizador para su uso.*

6. Advertencia: *Solo para uso espiritual. No ingiras.*

* * *

En conclusión, el espiritismo enseña que la realidad va más allá de lo visible o tangible, desarrollándose a través de una interacción continua entre materia y espíritu. A través de la comunicación, el ritual y la reflexión moral, entramos en una relación con espíritus guía que apoyan nuestro crecimiento. Cuando se practica con humildad, disciplina y claridad ética, el espiritismo se convierte menos en predicción o control y más en responsabilidad sobre cómo vivimos, cómo evolucionamos y cómo nos involucramos conscientemente con las fuerzas sutiles que moldean nuestras vidas.

* * *

CAPÍTULO 8
LA CONCIENCIA ORI

¿CÓMO SE DEFINE LA CONCIENCIA EN LA ESPIRITUALIDAD YORUBA?

EN LA ESPIRITUALIDAD YORUBA, el Ori es un concepto metafísico que se refiere a la cabeza, considerada la fuente de la conciencia interna. El término "Ori" se traduce directamente como "cabeza" en el idioma yYoruba. Dentro de la espiritualidad Yoruba, el Ori generalmente abarca tanto la cabeza física (*Ori-Ode*) como la conciencia interna (*Ori-inu*). En este capítulo, nos centraremos en el Ori-inu, que representa la conciencia interna.

La conciencia, en este contexto, se refiere a ser consciente de sí mismo y del mundo, incluyendo pensamientos, sensaciones, emociones y autoconciencia. La filosofía yoruba divide la conciencia interna en tres componentes principales: la conciencia inferior, el subconsciente y la superconciencia. Vamos a aclarar estos:

1. *Conciencia Inferior: Este es nuestro estado de conciencia despierto, donde experimentamos nuestros pensamientos, emociones e interacciones diarias con el mundo.*
2. *Subconsciente: El subconsciente cumple dos funciones principales. En primer lugar, procesa las experiencias, pensamientos y emociones de nuestra conciencia inferior. En segundo lugar, actúa como un enlace entre la conciencia inferior y la superconciencia, facilitando la comunicación entre las dos.*
3. *Superconciencia: Este es el reino de la conciencia superior, que contiene nuestro destino, conocimiento y sabiduría. Es donde recibimos mensajes de nuestro gemelo celestial, guiándonos en nuestro viaje espiritual.*

* * *

Nuestro Ori-inu actúa como una guía innata dentro de nosotros, ofreciéndonos apoyo y dirección a lo largo de nuestro viaje en esta vida. El Ori-inu tiene control sobre nuestro destino. Los Orishas pueden otorgarnos guía y bendiciones, pero es decisión de nuestro Ori-inu aceptar o rechazar estas bendiciones. Nuestro Ori-inu también nos ayuda a comunicarnos con los Orishas, los Ancestros y el Egbe. Por estas razones, es esencial honrar y cuidar nuestro Ori, incluyendo tanto nuestra cabeza física (ori-ode) como nuestro (Ori- inu), para poder atraer todas las cosas buenas de la vida y tener una cabeza clara que nos guíe. Desde el momento en que nacemos hasta el momento en que damos nuestro último suspiro, nuestro Ori sigue siendo una fuente constante de apoyo y guía, acompañándonos sin falta a lo largo de todo nuestro viaje aquí en este mundo. Por eso, es crucial honrar primero a nuestro Ori antes que a los Orishas.

El Odu: **Ogunda Meji**, nos recuerda que nuestro Ori está siempre a nuestro lado. Muchas personas que comienzan en el camino de la espiritualidad Orisha buscan conocer inmediatamente el nombre de su Orisha guardián sin darse cuenta de que primero necesitan aprender a cuidar adecuadamente su Ori. Su Orisha guardián no puede ofrecerles ningún apoyo sin el permiso de su Ori en primer lugar. Honrar nuestro Ori abre un camino para que podamos recibir todas las bendiciones de todos los demás Orishas.

Las partes de Ori-inu

Ori-inu consta de dos componentes principales: el Iwa-inu y el Ori-apere. El Iwa-inu representa nuestro carácter interno, encarnando la conciencia moral y la fuerza espiritual. El Iwa-inu es también la parte del Ori-inu que contiene el Ase espiritual de la persona. Más específicamente, aquí están las partes que componen el aspecto Iwa-inu del Ori-inu:

- **El Atari:** Ubicado en la coronilla, el Atari sirve como interfaz entre nuestro Ori y el gemelo celestial. A menudo se ve como la parte de nuestra alma conectada al Ori.
- **El Igoke:** Controlando nuestro crecimiento y sabiduría espirituales, Igoke guía y mantiene nuestro desarrollo espiritual.

- **El Oluṣọ:** Actuando como nuestra guía o juez interno, Oluṣọ encarna la conciencia moral y ayuda a corregir nuestro carácter a medida que evolucionamos espiritualmente.
- **El Ipako:** Esta parte alberga todo nuestro Ase. El Ipako representa el reservorio de poder espiritual dentro de nuestro Ori y es parte del Iwa-inu.

Tras la muerte, cuando el Emi (alma) se separa del cuerpo y asciende al cielo, tanto Igoke como Ipako lo acompañan. Comprender estos componentes nos ayuda a comprender el funcionamiento intrincado de nuestro Ori-inu y el profundo papel que desempeña en guiarnos y apoyarnos en la vida. El Iwa-inu también está vinculado al Ori-apere y al Iponri (gemelo espiritual en el cielo) a través del Emi (alma). Ahora que hemos discutido las partes que componen el Iwa-inu, discutamos las partes que componen el Ori-apere o la parte del Ori-inu que contiene el destino de una persona. Las partes que componen el Ori-apere incluyen el ayanmo, Akunlegba, Akunleyan y Eewo.

AYANMO

Ayanmo es el aspecto de Ori-Apere que determina la parte inmutable del destino de una persona. La palabra "Ayanmo" puede traducirse como "cosas fijas". Algunas de las cosas consideradas fijas según los yoruba son la familia en la que se nace y el género. También se dice que ciertas cosas en la vida, como los logros y la prosperidad, también podrían estar fijas, si estas cosas se cumplen fácilmente para la persona. Los Ayanmo son las cosas que no pueden cambiarse. Son las cosas que fueron predeterminadas en el cielo antes del nacimiento de la persona.

AKUNLEGBA

Akunlegba es el aspecto de **Ori-apere** o destino de una persona que contiene las cualidades otorgadas en el cielo para cumplir el destino que eligió para sí mismo. Estas cualidades naturales, como la inteligencia, una determinada personalidad, habilidades atléticas, etc., se consideran "innatas". Sin embargo, a menudo, cuando el Ori nace, puede alterar ligeramente el destino que eligió en el cielo. En estos casos, la persona puede necesitar nuevas cualidades que no le fueron otorgadas en el cielo. Entonces, en la Tierra, deberá aprender y desarrollar estas nuevas cualidades para alcanzar este destino ligeramente modificado. Estas cualidades "aprendidas" no son tan fáciles de adquirir como las innatas y pueden requerir muchos años de aprendizaje en la Tierra.

Akunlegba también se considera la parte de **Ori-Apere** que trae oportunidades a la vida de una persona. Si la persona posee las cualidades necesarias en el momento en que se presentan estas oportunidades, puede lograr un éxito natural. De lo contrario, puede fracasar en alcanzar un determinado objetivo en la vida. A menudo, se realizan adivinación y sacrificios a **Ori** para atraer nuevas oportunidades. Los sacrificios también sirven para facilitar el desarrollo de nuestras habilidades. Un sacrificio podría, en parte, desbloquear **Akunlegba**, facilitando el aprendizaje de una nueva habilidad para alcanzar un determinado propósito como parte de su destino alterado.

Akunlegba se considera mucho más difícil de cambiar que el siguiente aspecto del destino de una persona, llamado **Akunleyan**, aunque sigue siendo más fácil de modificar que **Ayanmo**.

AKUNLEYAN

Akunleyan es el aspecto de **Ori-apere** que a menudo se considera como las elecciones que hacemos, así como nuestros deseos, sueños y aspiraciones conscientes que esperamos alcanzar. Es importante alinear **Akunleyan** con tanto **Akunlegba** como **Ayanmo**. Cuando los tres están alineados, la persona puede tener una vida exitosa.

EEWO

Eewo es la parte de **Ori** que alberga los tabúes de una persona. "Eewo", que se traduce como "lo que está prohibido", son los tabúes espirituales personales. Algunos de los **Eewo** se reciben en el cielo durante la adivinación, mientras que otros se reciben más tarde en la Tierra. Este aspecto de **Ori** nos indica qué cosas debemos evitar en la vida para tener una vida saludable, feliz y larga.

. . .

En conclusión, **Ayanmo** son "las cosas que son fijas e inmutables", **Akunleyan** es nuestro "propósito y deseo", y **Akunlegba** es el poder que debemos manifestar en las oportunidades de nuestras vidas y es la parte de **Ori** que contiene esas cualidades, ya sean aprendidas o innatas. Cuando las partes de **Ori** están alineadas con el verdadero destino de la persona, parecen funcionar juntas armoniosamente. Nuestro **Ori** tiene el poder no solo de influir en nuestras vidas, sino también de manifestar nuestros deseos más profundos si todas sus partes están en alineación directa.

¿Qué es el Iponri?

El Iponri es otro aspecto de la persona que influye en la dirección de su Ori. Sin embargo, el Iponri es separado del Ori y es la parte del alma de la persona que se separó y se quedó en el cielo. El Iponri nos permite tener una conexión espiritual con el cielo y con los orishas. Esta conexión viene a través de nuestro Atari o nuestra corona, donde reside nuestro Emi y está conectado al resto de nuestro Ori-inu. Debido a que el Iponri es un aspecto del Emi, son lo mismo y pueden comunicarse entre sí a través de la telepatía. El Iponri a menudo se describe como un aspecto espejo de nuestro yo en el cielo. El Iponri nos ayuda a comunicarnos con nuestros ancestros, los orishas, quienes nos brindan orientación aquí en la tierra. El Iponri también ayuda a nuestro Emi a comprender claramente nuestro verdadero propósito aquí en la tierra.

Sobre el tema de Emi

El Emi, más comúnmente llamado el alma, está compuesto de varias partes. La primera es la parte del Emi o alma que nos conecta con el cielo y los espíritus, que es nuestro gemelo celestial o nuestro Iponri. La segunda parte es la parte de nuestro alma que nos conecta con Dios. Nuestro Iponri nos permite una conexión con el mundo espiritual y nuestro imolẹ ibukun, que es el aliento de Olodumare, nos conecta para sentir y experimentar a Dios tanto en este mundo como en el cielo. El imolẹ ibukun es el aspecto más alto del emi. El Emi también contiene los aspectos Igoke e Ipako del Ori una vez que se completa la vida terrenal.

Estar en alineación con el propio destino es esencialmente el objetivo de toda la práctica espiritual yoruba. Vamos a la adivinación para verificar si estamos en alineación o fuera de alineación con nuestro destino. El concepto de alineación con el propio destino es primordial en casi todas las partes de la espiritualidad yoruba. Cuando observamos el proceso de adivinación en IFA, a menudo vemos que un cliente vendrá para una consulta cuando su vida no esté yendo bien. El adivino luego verifica con IFA para determinar si la vida del cliente está fuera de alineación o en alineación con su destino. Si un cliente está fuera de alineación con su destino, las cosas en su vida a menudo no funcionan bien para ellos. Esto es un buen indicador de que una persona está fuera de alineación, pero no se puede estar seguro hasta que se realice la consulta.

Durante una consulta, a menudo escucharás los términos "Ire" e "Ibi" o "Osogbo". "Ire" significa estar en alineación con el propio destino, mientras que "Ibi" y "Osogbo" a menudo se refieren a la desgracia, indicando que alguien no está alineado con su destino. La palabra "Ibi" en realidad significa "cuestionar algo"; a menudo, esto se refiere a cuestionar la desgracia en nuestras vidas. Estos términos siempre se usan en consultas de adivinación dentro de la Tradición Orisha.

Para explicar más, un cliente puede estar en Ire o en Ibi; no hay una tercera opción. Si no escuchas estos términos durante una consulta, ten cuidado con la persona que la realiza. Se proporcionan más detalles en el capítulo diecisiete si deseas avanzar. Si se determina que una persona está en Ire, o bendiciones, generalmente significa que está alineada con su destino espiritual. El Divino o Babalawo a menudo sugerirá ofrecer un sacrificio a un Orisha o a su Ori para fortalecer el Ire existente o cambiar Ibi a Ire. Si se determina que un cliente está en Ibi durante la consulta, probablemente significa que no está alineado con su destino espiritual. El Divino recomendará un sacrificio, según lo indicado por Ifa, para cambiar esta desgracia en Ire o bendiciones. Se cree que este acto realinea a la persona con su destino espiritual.

Podría haber escenarios en los que una persona esté en sincronía con su camino espiritual a pesar de enfrentar desgracias. Por ejemplo, podrían necesitar cumplir con sacrificios que debían hacerse en el cielo antes de venir a la Tierra o sacrificios que se prometieron en el cielo para ser completados una vez que lleguen a la Tierra para obtener las bendiciones necesarias para cumplir su destino. Estos sacrificios, conocidos como Ebo, podrían ser una parte integral de su viaje de vida. Es concebible que hayan hecho un compromiso en el reino espiritual de completar estos sacrificios durante su existencia terrenal. Este es solo un ejemplo de cómo alguien podría estar tanto en Osogbo como en alineación con su destino. Otro escenario es que la desgracia podría entrar en la vida de uno debido a no cumplir un compromiso con Egbe u Ori. Una tercera posibilidad es que la desgracia surja debido a la violación de sus Eewos o tabúes, lo que los saca de alineación con su destino. Si la desgracia resulta de la ignorancia o violación de sus tabúes por parte de la persona, a menudo indica que ya no están en alineación.

CÓMO EL BUEN CARÁCTER, CONOCIDO COMO IWA PELE, AFECTA NUESTRA ARMONÍA CON EL DESTINO

En la espiritualidad Yoruba, Iwa Pele se considera una parte fundamental para mantener el equilibrio en el orden natural. Cuando mantenemos los principios de Iwa Pele, nuestra energía permanece intacta, formando una barrera protectora a nuestro alrededor. Esta barrera nos protege de fuerzas negativas como Osogbo, o la desgracia. Sin embargo, si descuidamos estos principios, nuestro campo de energía se debilita, creando aberturas a través de las cuales pueden penetrar energías dañinas, llevando al caos en nuestras vidas y salud. Por el contrario, cuando encarnamos Iwa Pele, acumulamos más energía positiva, fortaleciendo nuestro escudo protector contra la desgracia. La energía que emitimos a través de nuestras acciones, pensamientos y palabras influye en lo que atraemos de vuelta a nuestras vidas. Cuando estamos alineados con Iwa Pele, esta energía puede traer sanación y bendiciones. Pero si nos desviamos de estos principios, nuestro campo de energía se debilita, invitando a más caos. Esencialmente, nuestra alineación con Iwa Pele determina si atraemos positividad o negatividad a nuestras vidas.

¿CÓMO SE RELACIONA ESTO CON EL DESTINO?

Se cree que seguir los principios de Iwa Pele es parte del destino de todos. Al hacerlo, se cree que no solo el universo traerá Ire "bendiciones" a ti, sino que Ire te alineará naturalmente con tu destino espiritual al traer oportunidades a tu vida. Se ha dicho que si una persona no sabe cuál es su destino espiritual, solo necesita practicar Iwa, carácter bueno y gentil, y se alinearán naturalmente con su destino espiritual mediante la práctica continua de buen Iwa. El comportamiento moral bueno pasado y futuro o Iwa-Pele también pueden ser tomados a veces en lugar de un Ebo físico o una ofrenda por un Orisha y servir para ayudar a la persona a cumplir los diversos Ebos o sacrificios necesarios para despejar su camino para alcanzar su destino.

EL VIAJE DEL CIELO A LA TIERRA

Al principio de los tiempos, Olodumare creó a partir de un pedazo de su propia esencia a los Irunmole y a todos los seres espirituales del cielo. La luz divina de Olodumare se expandió hacia afuera creando todos los espíritus. Después de esto se crearon los cielos. Una vez que estas cosas habían tenido lugar, Olodumare y los espíritus decidieron crear el mundo. En ese momento los espíritus del cielo viajarían a la tierra y ayudarían a construir la tierra para que algún día la tierra pueda ser tan hermosa como el cielo. El viaje a la tierra tiene el propósito de purificar el alma a través de diversas pruebas.

Cuando Emi (alma) decide ir a la tierra, lo primero que hace es ir a Ifa y decirle a Ifa lo que desea lograr en la tierra. Ifa luego proporciona un Odu para Emi con varios sacrificios que debe completar ya sea en el cielo o tan pronto como llegue a la Tierra. Luego, Emi presenta el Odu a Ajala- mopin, que es el tallador divino, y le pide a Ajala que le talle una cabeza basada en el Odu recibido de Ifa, así como un precio que Emi decida pagar por el Ori. Se cree que la moneda es parte del propio Ase de Emi que ha acumulado ya sea en el cielo o en vidas anteriores.

Emi luego le dice a Ajala las cualidades que desea tener en la tierra, Ajala luego talla estas cualidades como parte de la cabeza que Emil usará una vez que llegue a la tierra. Ajala luego le da a Emi una opción de varias cabezas y Emi elige el Ori más adecuado para él y las tareas que quiere lograr cuando esté en la Tierra.

La cantidad de Ase que Emi esté dispuesto a pagarle a Ajala también determina
el Ori que Emi puede recibir.

Una vez que Emi adquiere Ori en la casa de Ajala, se rompe un pedazo de Emi y
este pedazo se convierte en el Iponri o el gemelo espiritual en el cielo. La parte
rota de Emi se adhiere al Ori, y esto continúa hasta que la existencia terrenal
termina y Emi puede volver a unirse a su gemelo a su regreso al cielo. Siguiendo
esta dolorosa separación, el Ori comienza su largo viaje a la tierra. A medida que
el Ori viaja a través del oscuro abismo hacia la tierra y hacia el útero, se vuelve
olvidadizo y pierde gran parte de su memoria de los reinos celestiales. También se
dice en algunos linajes que el Iponri es de hecho la parte del alma que alberga los
recuerdos de los cielos, que deben permanecer en el cielo.

* * *

SECCIÓN DOS
La Ceremonia de Alineación Ori

La ceremonia de alineación Ori se realiza con el propósito de alinear todos los componentes del Ori-inu. Se cree que esta ceremonia permite a quienes la realizan ser más conscientes de su propio potencial y destino. La alineación ocurre cuando la conciencia superior del individuo se desplaza directamente por encima de su conciencia inferior. Esto puede suceder naturalmente, pero se facilita honrando el propio Ori. Honrar a uno's Ori se puede hacer a través de la oración o ofreciendo ofrendas a Ori, comúnmente llamado "alimentar Ori" por los tradicionalistas Yoruba.

La conciencia inferior a veces produce una imagen borrosa frente al ojo espiritual de la persona, lo que le impide ver directa y claramente. Gran parte de esto se puede aclarar fortaleciendo nuestro Ori a través de ofrendas o oraciones, así como arreglando nuestro carácter moral. Esta opacidad a menudo es causada por mal comportamiento moral o el trauma y el equipaje emocional que seguimos llevando y acumulando. Se cree que si esta opacidad continúa acumulándose, puede enfermarnos y ensuciar nuestro destino. Esta energía oscura daña nuestra capacidad de vivir para hoy y se cree que impide que la persona vea lo que está frente a ellos, tirándolos hacia atrás y fuera de alineación mientras avanzan. Creemos que esta opacidad no solo impide la claridad, sino que también puede impedir que el Ori-inu se abra para recibir bendiciones.

Limpiamos esta energía negativa primero limpiando el Ori mediante una ceremonia llamada Ibori y luego alimentándolo con diversas ofrendas. Creemos que uno puede comenzar lentamente a realinear a la persona con su verdadero propósito en la vida. La ceremonia de Ibori puede necesitar repetirse varias veces para alcanzar resultados óptimos. Esto puede incluir abstenerse de varios alimentos y otras cosas después también.

La ceremonia de Ori tiene tres aspectos principales. El primero es una lectura de adivinación que casi siempre se realiza. Después de esto, se realiza un Ibori seguido de la recepción del ícono del santuario Ile Ori. Este ícono tradicionalmente siempre está compuesto de conchas de cauri y se le da a la persona como punto focal para honrar su Ori-inu. Este ícono representa el Ori de la persona y a menudo se le da especialmente en IFA tradicional. Se cree que alimentar y apaciguar a uno's Ori mejora las habilidades de autocuración, así como aumenta las capacidades clarividentes e intuitivas, entre otros beneficios. Una ventaja significativa de una comunicación clara y alineación con uno's Ori es la capacidad de manifestar el destino personal. Este elevado estado de conciencia permite a los individuos materializar los deseos de su Ori-inu en sus vidas cotidianas. Este estado de conciencia, a menudo denominado "iluminación" en otras diversas tradiciones mundiales como el budismo, simplemente se logra alineando y facilitando la comunicación entre los dos aspectos de la conciencia de una persona.

Una forma de mantener su Ori claro es practicar la limpieza diaria en cuerpo, mente, espíritu y acciones. Las energías que creamos a través de nuestras acciones y nuestros pensamientos tienen una vibración única que afecta nuestro cuerpo físico y nuestra salud, así como las cosas que se manifiestan a nuestro alrededor en nuestras vidas. Si enviamos buenas vibraciones, se cree que las recibiremos de vuelta. Por otro lado, si enviamos negatividad, podemos recibir esa energía de vuelta. Los yoruba creen que las energías similares tienden a atraer energías similares. Un Ibori puede servir para librar al Ori de toda la mala energía acumulada a su alrededor, sin embargo, si la persona continúa enviando los mismos pensamientos destructivos y acciones, no estará limpia por mucho tiempo. Si alguien sale y se revuelca en el barro, luego se baña y luego se vuelve a revolcar en el barro, ¿qué tan beneficioso podría haber sido el baño si la persona simplemente saliera y se ensuciara completamente de nuevo después de un baño? Tanto las limpiezas como las ofrendas están destinadas a fortalecer y traer bendiciones.

Artículos que se Ofrecen a la Ori

- **Agua fría:** Simboliza pureza, limpieza y rejuvenecimiento. Es un ingrediente fundamental en la mayoría de las ceremonias, aportando frescura a la situación.
- **¿Qué es un Omiero?** Un Omiero es una mezcla de hierbas y agua que comúnmente incorpora hierbas al agua. Un ejemplo sería hervir las hierbas en el agua y luego enfriarla antes de usarla.
- **Menta y hierbabuena:** Ayudan a enfriar y calmar situaciones acaloradas.
- **Salvia:** Perteneciente a la familia de la menta, se usa para la purificación y también puede proporcionar un efecto refrescante.
- **Albahaca:** Ayuda a la comunicación entre niveles de conciencia, mejora la percepción clarividente y la comunicación espiritual en los sueños. Hay muchas otras hierbas que también puedes usar.
- **Pétalos de rosa frescos:** Simbolizan belleza, amor y bendiciones divinas.
- **Miel:** Representa dulzura, abundancia y bendiciones.
- **Cáscaras de huevo:** Asociadas con la purificación y el crecimiento.
- **Obi (nuez de cola):** Se usa como herramienta de adivinación para obtener conocimientos y orientación de Ori.
- **Cola amarga:** Para mejorar la salud de la persona y traer energía positiva a la vida.
- **Coco:** Simboliza la pureza espiritual y la capacidad de superar obstáculos.
- **Frutas:** Representan abundancia, vitalidad y nutrición, ocasionalmente ofrecidas para traer dulzura a la vida.
- **Lavanda:** Esta hierba se puede ofrecer para alejar la energía negativa y los pensamientos negativos.
- **Gin / Ron:** Ofrecido para la fuerza y la perseverancia.
- **Aceite de palma:** Se usa para protección contra enfermedades, pureza y protección.

Nota: *Es costumbre consultar Obi Adivinación antes de ofrecer cualquier artículo a Ori, asegurándose de que las ofrendas produzcan resultados positivos.*

. . .

En conclusión, honrar a tu Ori, ya sea a través de ceremonias o devoción personal, te ayuda a alinearte y a aprovechar todo tu potencial, así como a comprender tu destino. Cuando nos involucramos en estas prácticas y rituales, podemos establecer una relación con nuestro Ori. Al purificar el Ori a través de la ceremonia de Ibori y ofreciendo ofrendas, las personas pueden reajustarse gradualmente con su verdadero propósito de vida.

* * *

CAPÍTULO 9
EL CALENDARIO YORUBA

Los yoruba tienen un fascinante calendario tradicional llamado "Kójódá", que significa "que el día sea claramente previsto". Este calendario único combina los ciclos del sol y la luna, convirtiéndolo en un calendario lunisolar. Hoy en día, se suele observar utilizando una mezcla de la semana de 7 días del calendario gregoriano y el tradicional calendario lunar yoruba. Se cree que el calendario gregoriano, basado en el sol, fue introducido durante el período de colonización.

En el calendario yoruba, una semana tiene solo cuatro días. Esto proviene de la creencia de que el mundo originalmente tenía cuatro esquinas en su creación. Entonces, mientras estamos acostumbrados a que una semana sea de siete días, en el calendario yoruba, es solo de cuatro. Cada mes tiene siete de estas semanas de 4 días, lo que hace que un mes tenga 28 días. A diferencia del ciclo de 12 meses del calendario gregoriano, algunos estudiosos creen que los antiguos yoruba tenían un ciclo de 13 meses, lo que les daba 364 días en un año con un día extra que podría haber tenido lugar durante la Celebración de Año Nuevo en julio/agosto o durante el Festival de IFA en junio. Algunos estudiosos también creen que el antiguo ciclo lunar de 13 meses podría haber comenzado en la luna nueva o en la luna llena.

En el calendario yoruba, cada uno de los cuatro días de la semana yoruba está dedicado a un Orisha específico. La gente honra a estos Orishas en sus respectivos días con diversos rituales y celebraciones. Aquí hay una descripción general de qué Orishas corresponden a cada uno de los cuatro días del calendario tradicional:

Día de Obatala (Ojo Obatala)
Este es el primer día de la semana y está dedicado a honrar a los Orishas Obatala, Egungun, Iyaami y Babalu-Aye. El primer día se le dio a Obatala porque era el mayor.

85

Día de Orunmila (Ojo Orunmila)

Este es el segundo día de la semana y está dedicado a honrar a los Orishas Orunmila, Esu, Oshun, Yemoja, Aje, IFA y Olokun, Egbe.

Día de Ogun (Ojo Ogun)

Este es el tercer día de la semana y está dedicado a honrar a los Orishas Ogun, Oshosi y Oko.

Día de Sango (Ojo Sango)

Este es el cuarto día de la semana y está dedicado a honrar a los Orishas Shango y Oya.

Si decides seguir los días tradicionales de la semana yoruba y deseas calcular los días específicos, te recomiendo usar un calendario digital en un teléfono, computadora portátil o cualquier dispositivo con un programa de calendario incorporado que tenga una función de "repetir evento". Sigue estos pasos: Abre tu calendario digital, regresa a las siguientes fechas pasadas que se enumeran a continuación y configura tu calendario para repetir estos eventos cada cuatro días indefinidamente:

1. *06 // 15 // 2024 — Ojo Obatala*
2. *06 // 16 // 2024 — Ojo Orunmila*
3. *06 // 17 // 2024 — Ojo Ogun*
4. *06 // 18 // 2024 — Ojo Sango*

Después de *Ojo Sango* el 06/18, los días se repetirán en el orden de *Ojo Obatala, Ojo Orunmila, Ojo Ogun,* y así sucesivamente, continuamente. Al configurar estos días para que se repitan cada cuatro días en su calendario, puede calcular todas las ocurrencias futuras basadas en las fechas iniciales proporcionadas. Esto le permitirá ver cuándo ocurrirán estos días en el futuro.

El Ritmo Cuadruple del Yo

La tradicional semana de cuatro *días Obatalá, Orunmila, Ogun y Ṣàngó* forma un ritmo sagrado de desarrollo interior: paz, perspicacia, acción y equilibrio. Cada día se construye sobre el anterior, pasando de la quietud a la comprensión, del esfuerzo a la armonía. Vivir en alineación con este ritmo fomenta el autodominio consciente, recordándonos que la paz es la base de la sabiduría, la sabiduría guía a la acción y que la acción debe finalmente volver al equilibrio. Vivir según este calendario es reconocer que cada día es un paso en el desarrollo del propio destino, guiado por energías divinas que moldean tanto el cosmos como el alma humana.

¿QUÉ ES ITADOGUN?

Itadogun es un período sagrado que ocurre cada 16 días, con la celebración en el día 17 del calendario tradicional yoruba. Durante este tiempo, los seguidores y devotos de Orunmila e Ifá buscan orientación y bendiciones a través de la adivinación y realizan diversos rituales para alinearse con su destino y obtener información sobre sus vidas personales. Muchos practicantes de Orisha visitan el templo o consultan a su Babalawo para obtener orientación de Ifá en este día. Diferentes comunidades tienen diferentes horarios para observar Itadogun. Algunos lo observan una vez al mes, mientras que otros, como se mencionó, lo observan cada 16 a 17 días. Personalmente, observo Itadogun en la luna llena de cada mes, ya que es el único momento que puedo apartar de mi ocupada vida. La clave es observar Itadogun regularmente, independientemente de la frecuencia exacta, ya que mantener la práctica es más importante que el momento específico.

* * *

EL CICLO DE LA SEMANA DE SIETE DÍAS PARA LA OBSERVACIÓN

La observación de los orishas según el ciclo de la semana de 7 días es cada vez más común fuera de África hoy en día. Quienes eligen este enfoque lo encuentran más sencillo para conectar orishas específicos con días particulares de la semana. Estos son los días de la semana y sus orishas asociados bajo este sistema, aunque difiere de la semana tradicional de 4 días observada en algunas prácticas.

OJO-AIKU / DOMINGO
El domingo se considera un día para bendecir la larga vida y resolver disputas. Es un buen día para pedir paz, protección y buena salud. Los orishas honrados en este día incluyen a Obatala, Ori, Olodumare, Orunmila e Ifa.

Ojo-Aje / Lunes

El lunes es conocido como el "día del dinero", marcando el día en que la orisha Aje bajó a la tierra. Es un buen día para pedir prosperidad y bendiciones financieras. Los orishas honrados en este día incluyen a Eleggua/Eshu y Orisha Aje.

Ojo-Isegun / Martes

El martes se considera tradicionalmente el día de la victoria. Es un buen día para pedir ayuda para superar obstáculos y triunfar sobre los enemigos. Los orishas honrados en este día son Ogun y Oshosi.

Ojo-Iru / Miércoles

El miércoles es un buen día para honrar a tus ancestros y dar gracias por las bendiciones en tu vida. Se cree que los ancestros visitan con más frecuencia en este día. Sin embargo, no es un día ideal para comenzar nuevos proyectos. Los orishas honrados en este día son Oya, Egungun, Babalu-Aye y Egbe. También es un buen día para honrar a la Madre Tierra.

Ojo-Bo / Jueves

El jueves es un gran día para comenzar un nuevo proyecto o sentar las bases para una idea o tarea que has estado posponiendo. También es un día perfecto para la espontaneidad y la celebración, especialmente con amigos o familiares. Los orishas honrados el jueves incluyen a Shango y Ori.

Ojo-Eti / Viernes

El viernes es un buen día para mudarse o limpiar el desorden antiguo. También es ideal para eliminar obstáculos negativos que dificultan el progreso, realizar limpiezas espirituales y tomar baños espirituales. Es un gran día para terminar proyectos y completar tareas que se han dejado sin terminar. Los orishas honrados en este día son Oshun, Eshu/Elegua, Ori, Egungun, así como cualquier otro orisha que elijas honrar más allá de los honrados en días anteriores.

Ojo-Abameta / Sábado

En este día también terminamos proyectos que no pudimos completar durante los días anteriores, al igual que en Ojo-Ete. También es un día en que honramos a nuestras madres. Los orishas honrados en este día son:

Yemoja, Olokun, Osain, Egungun y Ori, así como cualquier otro orisha que decidas honrar.

* * *

LAS FASES LUNARES Y SUS SIGNIFICADOS

LUNA NUEVA

Nuevos comienzos y un nuevo comienzo: la oscuridad de la luna es simbólica de la oscuridad del útero antes del nacimiento. Este es un momento para plantar nuevos proyectos. Puede ser un momento para honrar a Egbe y Egungun. La luna nueva simboliza nuevos comienzos, crecimiento y renovación espiritual. Es un momento para establecer intenciones, hacer planes y comenzar nuevos proyectos.

LUNA LLENA

Un período de plena claridad cuando las cosas entran en foco. La luna está completamente iluminada por la luz del sol. Este es un buen momento para trabajar con tu Ori. Es un momento en que la confusión es iluminada por la luz y las cosas se ven por lo que realmente son. Un buen momento para buscar información sobre un problema que puede ser desconcertante. La luna llena simboliza iluminación, iluminación y poder espiritual. Es un momento para una mayor intuición, adivinación y manifestación.

LUNA MENGUANTE

Este es un buen momento para realizar tareas mágicas relacionadas con el cierre y llevar las cosas a su fin. Un buen momento para hacer limpiezas, para expulsar energía negativa y eliminar energía negativa, así como todo lo relacionado con protección y curación. Este es un momento para descansar y rejuvenecer. La luna menguante simboliza liberación, dejar ir y deshacerse de viejos hábitos o patrones. Es un momento para reflexionar sobre lo que ya no te sirve y liberarlo para dar espacio a un nuevo crecimiento.

LUNA CRECIENTE

Este es un momento para realizar tareas mágicas relacionadas con el crecimiento. A medida que la luna sale de la oscuridad y entra en la luz. La luna creciente simboliza crecimiento, abundancia y manifestación. Es un momento para enfocarse en la energía positiva y trabajar para lograr tus objetivos.

Luna Oscura

La luna oscura simboliza descanso, introspección y transformación espiritual. Es un momento para conectarte con tu yo interior, liberar energía negativa y prepararte para nuevos comienzos.

* * *

FESTIVALES Y CELEBRACIONES YORUBA

El Festival de Ifa

El Festival de Ifa se celebra a menudo en mayo o junio, y algunas comunidades también marcan el Año Nuevo alrededor de esta época. Las celebraciones honran al Orisha Orunmila e Ifa a través de una serie de rituales, ceremonias y reuniones. En Oyo, Nigeria, el festival incluye actividades clave como procesiones, rituales de purificación y renovación, y sesiones de adivinación. Este momento significa renovación y nuevos comienzos, celebrados con rituales y reuniones que honran el ciclo de la vida y la naturaleza.

Festival de Olojo

El festival de Olojo es un festival anual celebrado en Ile-Ife, estado de Osun, Nigeria, para conmemorar la creación del universo y el primer amanecer. El festival generalmente se lleva a cabo en septiembre u octubre y se caracteriza por la aparición del Ooni de Ife, quien es considerado el custodio de la cultura y la tradición yoruba. Durante el festival, se cree que el Ooni visita la arboleda sagrada para recibir bendiciones y renovar su conexión espiritual con sus antepasados.

Festival de Osun-Osogbo

El festival de Osun-Osogbo es un festival anual celebrado en Osogbo, estado de Osun, Nigeria, para honrar a la diosa del río, Osun. El festival se celebra típicamente en agosto y está marcado por varias actividades, incluida una procesión al río Osun, una sesión de oración y una danza tradicional conocida como la danza Bata.

FESTIVAL DE EGUNGUN

El festival de Egungun es un festival anual celebrado por el pueblo yoruba para honrar a sus antepasados. El festival se celebra típicamente en agosto o septiembre e incluye el uso de elaborados disfraces y máscaras por parte de los participantes para representar los espíritus de los antepasados. El festival también presenta música tradicional, danza y rituales que se cree que honran y apaciguan a los antepasados.

FESTIVAL DE EYO

El festival de Eyo es un festival popular celebrado en Lagos, Nigeria, para conmemorar la muerte de un prominente lagosiano. El festival se celebra típicamente en febrero o marzo y se caracteriza por una procesión de máscaras conocidas como "Eyo" o "Adamu Orisha Play". El festival también está marcado por música tradicional, danza y otras actividades culturales.

FESTIVAL DE SANGO

El festival de Sango es un festival anual celebrado en honor a Sango, el dios Yoruba del trueno y el rayo. El festival se celebra típicamente en agosto y está marcado por varias actividades, incluida una procesión al santuario de Sango, el uso de atuendos rojos y blancos, y tambores y bailes tradicionales.

EL FESTIVAL DE OSHUN OSOGBO

Un festival que se celebra anualmente en el bosque de Oshun-Osogbo en Nigeria, así como en la diáspora. El Festival anual de Oshun se lleva a cabo en agosto y dura al menos 5 días. El festival celebra al Orisha Oshun. La leyenda detrás del festival es que Oshun apareció a un grupo de viajeros cuando estaban en la orilla del río Oshun, ubicado cerca del bosque de Oshun-Osogbo, y les dijo que quien le ofreciera un sacrificio en ese momento recibiría las bendiciones de prosperidad, riqueza, abundancia y protección de ella. Se dice que este festival y la leyenda tienen más de quinientos años. Fuera de Yorubaland, este es un momento para honrar a Oshun y ofrecerle algo en la orilla del río, de acuerdo con la leyenda.

EL FESTIVAL DE ORO

El festival de Oro es un festival tradicional celebrado por el pueblo Yoruba, principalmente en el suroeste de Nigeria. Es un festival de sociedad secreta al que solo asisten hombres iniciados que son miembros de la sociedad Oro. Las mujeres y los hombres no iniciados no pueden presenciar el festival ni siquiera hablar de él. El festival de Oro generalmente se celebra en honor de un monarca Yoruba fallecido o una figura notable. El festival implica el uso de máscaras y disfraces que se cree que representan los espíritus de los difuntos. Las máscaras y los disfraces están hechos de madera o tela y están adornados con decoraciones coloridas. Durante el festival, los miembros de la sociedad Oro generalmente se reúnen en las primeras horas de la mañana y desfilan por la ciudad o el pueblo. Los miembros de la sociedad suelen vestirse con túnicas negras y llevar bastones o varas. Cantan y cantan canciones en honor al difunto, y la procesión va acompañada del sonido de tambores y otros instrumentos tradicionales. A medida que la procesión se mueve por la ciudad o el pueblo, los miembros de la sociedad Oro visitan diferentes hogares y realizan rituales para bendecir los hogares y alejar los espíritus malignos. El festival de Oro es un evento significativo en la cultura Yoruba y se cree que es un momento de renovación y purificación espiritual.

Festival de Máscaras Egungun

Ocurre en junio alrededor del nuevo año. Este festival es un homenaje comunitario a los antepasados. El baile llena las calles y Egungun aparece detrás de bandas de telas y máscaras coloridas. En la diáspora, junio y julio son meses en los que prestamos mucha atención a nuestros antepasados. Se dice que nos visitan durante esta época del año. Este festival se lleva a cabo tanto en Nigeria como en Brasil.

Festival de Yemanja

Se celebra principalmente en Brasil el 1 de enero, el Festival de Yemanja honra a Yemoja, la diosa Yoruba del océano y la maternidad. Los devotos ofrecen barcos en miniatura cargados con regalos y flores al mar, buscando las bendiciones de Yemoja para la fertilidad, protección y prosperidad en el próximo año. El festival subraya las profundas conexiones culturales y espirituales entre las tradiciones Yoruba y el patrimonio afrobrasileño.

* * *

Para concluir, la mayoría de las celebraciones se llevan a cabo en el ile (ee-lay) o casa de un sacerdote o sacerdotisa o líder donde se celebra un Bembé en la diáspora. Mientras que en África esto puede ser cierto para algunos linajes, muchas celebraciones se llevan a cabo en un templo o al aire libre en las calles. Durante el festival, los tambores sagrados Batá se golpean y el espacio se llena de baile y música. Muchas veces, un orisha poseerá a un devoto o sacerdote mientras está en trance. Cada Orisha tiene su propio estilo de baile único durante la posesión. El proceso de ser poseído se conoce como ser montado y es similar a la posesión en otras tradiciones africanas.

* * *

CAPÍTULO 10
SUEÑOS Y GUÍAS ESPIRITUALES

Los sueños han cautivado a los humanos a lo largo de diversas culturas, ofreciendo vislumbres de los reinos más allá de nuestra conciencia despierta. En la tradición Yoruba, los sueños se clasifican en dos categorías: proféticos y ordinarios. Los sueños proféticos se consideran mensajes de los espíritus, brindando orientación o advertencias al soñante. Por otro lado, los sueños ordinarios reflejan las experiencias diarias, pensamientos, emociones y sentimientos del individuo. Diferenciar entre estos tipos de sueños puede ser desafiante para algunas personas, ya que un sueño ordinario puede contener un mensaje profético, y un sueño profético puede aparecer como eventos mundanos. Dentro de la tradición Yoruba, es común también buscar una lectura de adivinación después de tener un sueño, especialmente si alguien no está seguro del significado del sueño que tuvo y no está seguro de si es un mensaje del mundo espiritual. Creemos que la adivinación sirve como un método confiable y definitivo para discernir la verdadera naturaleza del sueño y su mensaje deseado. Los Yoruba creen que tanto la mediumnidad como la adivinación son regalos que Olodumare y Orunmila dieron a la humanidad para comunicarse con el cielo mientras estamos aquí en la tierra.

El Papel de Nuestro Iponri o Gemelo Espiritual

Cada individuo posee un gemelo espiritual, conocido como el Iponri, en el cielo. Este gemelo está íntimamente vinculado a nosotros y sirve como un conducto para la comunicación entre nuestro ser terrenal y el reino espiritual. El Iponri se forma a partir de un fragmento de nuestra propia alma o Emi y nos permite recibir mensajes del mundo espiritual, incluidos nuestros antepasados y Egbe-Orun. Actúa como un puente, transmitiendo conversaciones e ideas de otros espíritus en el cielo a nuestra conciencia superior. De hecho, así es como funciona la mediumnidad y la comunicación espiritual; es nuestro gemelo el que se comunica

94

con nuestros antepasados, nuestro Egbe-Orun y los orishas. Nuestro gemelo luego nos entrega el mensaje del cielo. Este aspecto de nosotros permanece en el cielo cuando venimos a la tierra. Es básicamente una pieza de nosotros que se queda. Los Yoruba creen que el cielo es el lugar donde residíamos antes de venir al mundo y es el lugar donde volveremos a residir una vez que dejemos el mundo.

¿Quiénes son los Egbe-Orun?

Se cree que cuando venimos a la tierra desde Orun/cielo, dejamos atrás a nuestros amigos. Estos espíritus, a diferencia de nuestros antepasados, no están relacionados con nosotros. Sin embargo, tenemos una conexión muy fuerte con ellos. Son nuestros queridos amigos y compañeros, así como las comunidades a las que pertenecemos en el cielo. Son los que dejamos atrás en el cielo antes de venir aquí a la tierra. Son los que llamamos Egbe. Nuestro Egbe todavía intenta comunicarse con nosotros aquí en la tierra, al igual que nuestros antepasados en el cielo también intentan comunicarse con nosotros a través de nuestro iponri aquí en la tierra. De nuevo, nuestros sueños a menudo se asocian con nuestro Egbe y nuestros antepasados, así como con nuestro propio Ori o cabeza, diciéndonos algo más que con los Orishas. La palabra "egbe" a menudo se traduce como "sociedad o asociación".

Los humanos poseen tanto conciencia inferior como superior. La conciencia inferior alberga nuestras emociones, pensamientos y traumas, mientras que la conciencia superior trasciende estas sensaciones fugaces y proporciona estabilidad. Nuestra conciencia superior está estrechamente conectada con nuestro iponri y con nuestro Ori-inu, que recibe mensajes de nuestro Egbe-Orun y antepasados, guiándonos y advirtiéndonos. A veces, cuando soñamos, podemos estar conectados a esta conciencia superior, mientras que otras veces solo estamos conectados a nuestra conciencia inferior. Los individuos dotados de mediumnidad y profecía pueden acceder a su conciencia superior mucho más rápido que aquellos que no tienen esta habilidad. Para un médium no entrenado o para alguien que no tiene esta habilidad, a menudo puede ser muy difícil distinguir entre sus sueños ordinarios y los proféticos. La solución es simple, el uso de la adivinación a menudo les proporcionará los mismos o incluso mejores resultados. La adivinación es una herramienta valiosa para distinguir entre estas dos realidades y señalar qué mensajes se envían desde Orun a nosotros y qué mensajes son sentimientos y suposiciones ordinarios.

El proceso de adivinación tiene tanto una parte objetiva como subjetiva. Comenzaremos definiendo el componente subjetivo de la misma. La parte subjetiva del proceso de adivinación es cuando sostenemos las herramientas de adivinación en nuestras propias manos y las dejamos caer sobre la estera. Es en este momento cuando se borran todas las dudas y el destino determina cómo caerán. El aspecto objetivo es el cambio que ocurre una vez que la cadena de adivinación sale de nuestras manos y golpea el suelo. Una vez que se suelta, la subjetividad se aclara en una verdad objetiva.

¿ALGUNOS DE NUESTROS EGBE Y ANTEPASADOS VIVEN AQUÍ EN LA TIERRA CON NOSOTROS?

La respuesta corta a esta pregunta es sí, lo hacen. Nuestros antepasados saben que esto es cierto. Tenemos padres que son parte de nuestro parentesco ancestral aquí en la tierra. Las personas que llamamos nuestros padres en esta vida pueden haber sido nuestros bisabuelos en una vida pasada o nosotros podemos haber sido sus padres en una vida anterior. Esta relación de parentesco permanece a lo largo de las vidas, tanto aquí como en el cielo, a medida que vamos y venimos, independientemente del papel que tú o uno de tus antepasados desempeñen en cada vida que tú y ellos estén vivos.

¿QUÉ PASA CON NUESTRO EGBE?

Nuestro Egbe, al igual que nuestros antepasados, no solo existe en el cielo, sino también aquí en el mundo. Debido a Atunwa o renacimiento, se sabe que todos viajamos de ida y vuelta desde Orun a la tierra y del mundo a Orun en diversos momentos. Si naciste en un cierto momento aquí en la tierra y uno de tus Egbe también nace al mismo tiempo o si ambos hacen que sea su destino cruzarse mientras ambos están aquí en la tierra, esto tendrá lugar. A veces, los Egbe son cónyuges o amigos extremadamente cercanos que conocemos aquí en la tierra y con los que tenemos un vínculo extremadamente fuerte.

Una vez que fallecemos, muchos practicantes de Orisha creen que nuestra alma se reunirá una vez más con nuestro gemelo celestial, nuestro iponri, y una vez más nos convertiremos en una sola alma unificada llamada Emi. También se cree que la parte del alma que vivió en la tierra traerá sabiduría, conocimiento y Ase para compartir con el iponri que se adquirió durante su vida. Este nuevo conocimiento y aumento de Ase (poder divino) elevarán espiritualmente el alma a un nivel superior una vez que ambas partes estén unificadas.

Sobre las Comunidades Egbe

Muchos practicantes de Orisha conocen algunas de las diversas comunidades Egbe-Orun que existen en el cielo. Muchos Babalawos a menudo pueden decirle a alguien de qué comunidades Egbe son parte en el cielo. Sin embargo, no tenemos conocimiento de todas las comunidades Egbe en el cielo, por lo que solo podemos preguntarle a IFA si una persona es miembro de una de las comunidades que conocemos y sobre las que tenemos conocimiento. Por lo tanto, si alguien resulta ser de una de las comunidades Egbe que no conocemos, a menudo será identificado en la categoría "otro" o desconocido. A continuación se presenta una descripción de algunas de las comunidades Egbe que sabemos que existen en el cielo.

Una lista y descripción de varias comunidades Egbe

- **Egbe Iyalode:** Este grupo Egbe se caracteriza por su amor maternal y protección. Son conocidos por su gran capacidad para aliviar el sufrimiento físico y emocional. Dotados de esta habilidad como parte de su destino terrenal, sirven como faros de consuelo para aquellos a quienes apoyan. Tienden a ayudar a aquellos asociados con ellos a sanar y sanar a otros.
- **Egbe Jagun:** Esta comunidad Egbe se caracteriza por su capacidad para defender y proteger a los demás. A menudo se les ve como fuertes guerreros y poseen la capacidad de ayudar a aquellos a quienes protegen a ganar peleas, guerras y disputas.

- **Egbe Imo:** Muy conocedores e intelectuales. Poseen una habilidad innata para comprender conceptos complejos rápidamente y con precisión, participando en profundas reflexiones y discusiones. Son venerados como guardianes y custodios del conocimiento celestial en los cielos. Tienden a ayudar a aquellos a quienes protegen a resolver problemas.
- **Egbe Aseyori:** Respetada por su creatividad artística y espíritu innovador, esta comunidad Egbe se destaca como artistas y visionarios, inspirando asombro con sus creaciones. Tienden a ayudar a aquellos a quienes protegen a tener paz e inspiración.
- **Egbe Alakoso:** Renombrada por su dominio de la energía natural y la adivinación, esta comunidad Egbe posee una capacidad única para sentir y manipular campos de energía. Se destacan en la lectura y el equilibrio de energía. Tienden a ayudar a aquellos a quienes protegen a expulsar energía negativa y atraer cosas positivas en la vida.
- **Egbe Ayeraye:** Dotado con la habilidad innata de acompañar almas a la tierra, este grupo Egbe sirve como compañeros divinos.
- **Egbe Ikole Orun:** Como arquitectos del cielo, esta comunidad Egbe es responsable de su construcción y mantenimiento.
- **Egbe Baale:** Este grupo Egbe está asociado con gobernantes y reyes. Tienden a ayudar a aquellos asociados con ellos a obtener posiciones de liderazgo.
- **Egbe Iyalaje:** Este grupo Egbe está asociado con los negocios y el mercado. Tienden a ayudar a aquellos asociados con ellos a ganar riqueza y dinero.

En conclusión, el Egbe-Orun consta de muchos grupos que desempeñan roles únicos y trabajan en conjunto con otras divinidades para garantizar que las cosas funcionen correctamente. Es posible que una persona sea miembro de más de un grupo Egbe. Además, es probable que existan miles de comunidades Egbe en el cielo, sin embargo, las mencionadas anteriormente son las más conocidas.

* * *

CAPÍTULO 11
EL CICLO DE VIDA YORUBA

AL PRINCIPIO DE LA VIDA, después del nacimiento de un bebé en la tierra tradicional yoruba, se celebra normalmente una ceremonia conocida como Ikosedaye, también llamada Esentaye. Esentaye significa "Los pies tocan el suelo". Esta ceremonia solo se realiza para recién nacidos dentro de las primeras 16 semanas y nunca antes del tercer día de nacimiento. Un Babalawo vendrá a la casa y realizará una lectura de adivinación para el bebé. Esta ceremonia puede ser realizada por sacerdotes de Orisha en algunos linajes.

La ceremonia también puede variar en las diferentes regiones, sin embargo, hay algunos temas comunes. Primero, se consulta a IFA u Orisha para determinar el signo de nacimiento y el destino (ìpín) del niño. Si un Babalawo está realizando esta adivinación, se harán varias preguntas durante la consulta, incluyendo: ¿el niño vino con Orisha? Si la respuesta es "sí", el niño puede necesitar ser iniciado en ese orisha eventualmente. ¿Cuál es el signo de nacimiento? Esto revela un patrón llamado Odu, que puede venir con varios tabúes o prohibiciones que el niño debe seguir a medida que envejece para prevenir la vulnerabilidad en la vida. Otra pregunta que se hace es a qué ancestro reencarnó el niño.

Existe la creencia de que nuestros antepasados viven de nuevo en las nuevas generaciones. Determinar quién fue el niño en una vida anterior ayudará a determinar un nombre para el bebé. La ceremonia de nombramiento se realiza después de Esentaye como una ceremonia separada. El Odu de nacimiento a veces se escribe en un pedazo de madera y se guarda por los padres con un ícono de Ori que a veces se da también. La ceremonia de Esentaye solo se puede realizar dentro del primer período de 16 semanas. Después de 16 semanas, todos, sin importar la edad, son iniciados a través de la ceremonia de Isefa. Durante la consulta, si un Babalawo o Iyanifa está realizando esta ceremonia, es costumbre que los pies del bebé toquen el polvo Iyerosun en el Opon IFA (tablero de IFA) y los Ikins (nueces de palma) utilizados para la adivinación, así como varios tipos de hierbas. A menudo se recitan oraciones, y es importante completar los Ebos (sacrificios) prescritos en la adivinación tan pronto como sea posible después de la ceremonia para asegurar que toda la negatividad sea eliminada del camino del recién nacido.

Nota: Siempre se deben tomar todas las precauciones en estas ceremonias para no poner a ningún niño en peligro o daño. Nunca le damos miel a un niño porque puede ser peligrosa para el pequeño. Es importante consultar SIEMPRE a un sacerdote conocedor, y nunca se debe intentar realizar ninguna de estas ceremonias sin antes ser iniciado y bajo la guía de un anciano experimentado que haya sido capacitado adecuadamente para realizar estas ceremonias.

* * *

La Ceremonia de Nombramiento (loruko ọmọ)

Después de la ceremonia de Esentaye, normalmente entre el séptimo y noveno día de vida de un bebé, se lleva a cabo la ceremonia de nombramiento. A menudo, la ceremonia se realiza por la mañana o antes del mediodía. Los padres y el Babalawo se reúnen para determinar un nombre para el niño. Los yoruba toman muy en serio el dar nombres a sus hijos. Existe la creencia de que el nombre adecuado puede proteger al niño del daño a lo largo de su vida. Los Yoruba también creen que darle el nombre equivocado a un niño puede causar daño. Después de que el niño recibe un nuevo nombre, a menudo la comunidad y la familia se reunirán para ver al bebé y proporcionar donaciones y regalos a los nuevos padres durante todo el día. A veces esta reunión tendrá lugar al día siguiente para celebrar tanto el nacimiento del niño como los nuevos padres. Después, el Babalawo a menudo instruirá a los nuevos padres para que limpien su hogar.

Matrimonio

La ceremonia de Igbeyawo, el matrimonio tradicional yoruba, es una unión sagrada y significativa entre dos familias, no solo entre dos individuos. Se considera una institución social y religiosa, y la ceremonia de boda es una celebración que involucra muchos rituales y costumbres. El primer paso en el proceso de matrimonio tradicional Yoruba es la cere-

100

monia de presentación, también conocida como "**mo mi mo e**". Aquí es donde las familias de la novia y el novio se reúnen para discutir la unión y conocerse. Se espera que la familia del novio traiga regalos como nueces de kola, vino y otros artículos para significar sus intenciones a la familia de la novia. Si ambas familias están de acuerdo con la unión, el siguiente paso es la ceremonia de compromiso.

La ceremonia de compromiso se conoce como "Igba-nkwu" o "Igbeyawo". Durante esta ceremonia, la familia del novio traerá más regalos a la familia de la novia, y la novia recibirá un anillo de compromiso del novio. Este es también el momento en que la pareja y sus familias discutirán la dote, que generalmente es pagada por la familia del novio a la familia de la novia.

La ceremonia tradicional de boda Yoruba, también conocida como "Igbeyawo", es una ocasión colorida y alegre que involucra varios rituales y costumbres. Por lo general, se lleva a cabo en el hogar de la familia de la novia o en un lugar elegido. La novia y el novio usarán atuendos tradicionales Yoruba, y sus familias e invitados también se vestirán con atuendos tradicionales. Durante la ceremonia, la familia de la novia servirá al novio, y su familia nueces de kola y vino para significar su aceptación de la unión. La pareja luego intercambiará votos y anillos, y el novio presentará a la novia un regalo. Después, la pareja pasará por una serie de rituales, como atar el nudo, saltar sobre una escoba e intercambiar regalos, para significar su compromiso mutuo. Después de la ceremonia de boda, la pareja pasará por una ceremonia tradicional de nombramiento Yoruba, donde recibirán sus nombres tradicionales Yoruba. La pareja también recibirá bendiciones de sus familias y ancianos, y se celebrará un banquete para celebrar la unión. Antes del matrimonio o del inicio de una nueva relación, a menudo se recomienda buscar la guía de IFA. Esto es para asegurar que la relación esté alineada con el destino de ambos individuos. Incluso si aún no tienes cónyuge o pareja y deseas conocer a alguien y eventualmente casarte, también se recomienda buscar la guía de IFA. Al buscar consulta y realizar los sacrificios adecuados (Ebos), creemos que mejora las posibilidades de encontrar un cónyuge compatible.

Según IFA, se alienta a los seres humanos a buscar un cónyuge para compañía, apoyo, amor físico y para formar una familia. En IFA, la familia es altamente valorada ya que se considera el mayor portador de bendiciones y Ase, y los antepasados dependen de ella. Al establecer una familia, continuamos el linaje para que los antepasados puedan renacer en futuras generaciones, y nos convertimos en antepasados cuando fallecemos. Hay numerosos Patakis (historias) dentro del Odu IFA que hablan sobre la importancia de un cónyuge. Dentro del Odu Ogbe-Sa, se habla de completar cosas y las bendiciones que vienen de tener un cónyuge. Dos mitades hacen un todo completo. Este Odu también habla de tener múltiples posibles contendientes futuros para el matrimonio y no saber cuál funcionará, y que uno debe buscar la guía de IFA y realizar sacrificios para averiguarlo. Otra cosa de la que habla este Odu es el trabajo requerido para que las cosas funcionen, que incluyen las relaciones.

En la Muerte

Los yoruba tienen una fuerte creencia de que la muerte no es el final, y que la persona continúa como un ancestro o renace, como hemos discutido en capítulos anteriores. La palabra Itutu a menudo se puede traducir como elevar y enfriar el espíritu de la persona fallecida para que pueda avanzar hacia el más allá y no estar continuamente apegada a las cosas del mundo. La ceremonia de Itutu sirve para varios de los siguientes propósitos: liberar o transferir artículos religiosos pertenecientes a las personas fallecidas, incluidos los artículos que se cree que contienen energías de los Orishas, ofrecer sacrificios para asegurar que el alma de la persona tenga la fuerza para hacer el viaje de regreso al cielo y, por último, la ceremonia sirve para ayudar a separar las almas de la persona del mundo físico para que no tenga ningún deseo de quedarse y en su lugar avance. El itutu trae cierre tanto al alma del difunto como a la familia y amigos de la persona fallecida.

Los diversos artículos que contienen las energías de los Orishas a menudo se dan a un miembro de la familia en la religión, un hijo de dios del difunto o se llevan a un lugar natural en la naturaleza, como un río, una montaña o un árbol, y se dejan en estos lugares según lo que los Orishas hayan determinado que quieren cuando se les pregunta. Tan pronto como llega el Babalawo, los Orishas y los artículos sagrados se colocan todos en el suelo cerca del cuerpo del difunto y, uno por uno, se consultan y se les pregunta a través de la adivinación a dónde quieren ir. Siguiendo esto, el babalawo o Iyanifa determina si la causa de la muerte fue por una causa natural o por algún tipo de daño espiritual o brujería. Si se considera que la causa fue alguna forma no natural de muerte o brujería, el Babalawo preguntará si el alma de la persona fallecida está en peligro al otro lado de alguna entidad espiritual malévola y si la familia del fallecido está en peligro de daño también. Si se considera que el alma del difunto o su familia están en peligro por daño espiritual o brujería, el Babalawo, a través de la adivinación IFA, prescribirá un sacrificio para proteger el alma del difunto para que pueda cruzar y proteger también a la familia. El Babalawo luego comienza los diversos sacrificios prescritos por IFA y los Orishas se regalan o se llevan al río.

Nota: Siempre se ofrece un sacrificio a Eshu para abrir las puertas, guiar y proteger el alma en su viaje, incluso si no aparece en la consulta.

El segundo día

El Babalawo comienza este proceso purificando el cuerpo a través de oraciones, humo y hierbas. El Babalawo en este momento invoca el alma del difunto, explicándole que está muerto y que después de los últimos ritos debe comenzar su largo viaje a Orun. El Babalawo luego pide a los Orishas, antepasados y Dios que protejan el alma del difunto de cualquier mal en su viaje. La preparación del cuerpo y el banquete. El cuerpo del difunto se lava con una mezcla de jabón especial, hierbas y agua y se viste.

El tercer día

Por la mañana del tercer día se prepara un elaborado banquete en honor al difunto. Durante este banquete, la gente celebra la vida de la persona y brinda consuelo a la familia en duelo. El cuerpo del difunto se envuelve en un paño colorido o se coloca en el ataúd después del banquete. La gente vendrá a presentar sus respetos a la persona fallecida.

El rito de entierro

En la noche del cuarto día antes del atardecer, el cuerpo es enterrado con varias ofrendas de caracoles, flores, frutas y alimentos. A esta hora y en la mañana del quinto día, los familiares caminarán por la ciudad preguntando dónde se encuentra la ubicación del familiar fallecido. Los aldeanos responderán que se ha ido a casa.

· · ·

En conclusión, los Yoruba creen que es crucial realizar todos los deberes funerarios para que el alma del difunto se una a los antepasados. También es muy importante que la familia visite las tumbas de sus familiares. Algunas casas o linajes pueden realizar la ceremonia de Itutu de manera ligeramente diferente, sin embargo, lo que hemos descrito aquí es una breve descripción general de lo que se hace.

* * *

CAPÍTULO 12
RITOS DE INICIACIÓN YORUBA Y LOS ROLES SACERDOTALES

¿Qué es la iniciación orisha?

La iniciación orisha es una experiencia que cambia la vida, en la que la cabeza de una persona, Ori, a menudo se dedica a un orisha particular. El orisha puede entonces apoyar a la persona, guiándola a través de su viaje. Este proceso a menudo se denomina coronar un orisha. La iniciación orisha también consiste en recibir un ícono de un orisha particular. Estas ceremonias suelen ser elaboradas y pueden requerir recursos financieros sustanciales debido a los gastos involucrados en la adquisición de los materiales necesarios y en el apoyo a los sacerdotes o sacerdotisas que facilitan la iniciación. Los rituales a menudo duran varios días y deben ser realizados no solo por un sacerdote, sino también por varios.

¿Por qué la gente se inicia?

Muchas personas buscan la iniciación en la espiritualidad orisha por muchas razones personales diferentes, incluyendo encontrar un sentido de identidad, un deseo de estar en un papel de liderazgo, una creencia de que la iniciación arreglará muchos de sus problemas en la vida. Todas estas razones, de hecho, no son por qué alguien debería iniciarse en la tradición orisha. De hecho, estas son las razones equivocadas para buscar la iniciación. Déjame explicarte por qué la iniciación no es todo esto.

Encontrar un sentido de identidad

Descubrir quién eres y explorar la espiritualidad orisha puede ayudarte a conectarte con tus ancestros africanos. Esta es una razón común por la que muchas personas se interesan en la espiritualidad africana. Tal vez tienes un abuelo que era un Babalawo o un pariente lejano de Nigeria, motivándote a aprender más sobre las tradiciones orisha. Sin embargo, la iniciación en estas tradiciones no resolverá problemas personales. Como iniciado, tienes una responsabilidad significativa de servir a la comunidad, lo que puede ser agotador. Los sacerdotes y sacerdotisas en esta tradición deben actuar como modelos a seguir y tomar decisiones que pueden impactar profundamente la vida de las personas, a menudo bajo gran estrés. Sirven como intermediarios entre la comunidad y los espíritus, y la gente buscará su guía en asuntos cruciales, esperando que proporcionen los recursos y el apoyo necesarios. El papel de un sacerdote o sacerdotisa en la espiritualidad orisha no es servir a necesidades personales, sino servir a los demás. A menudo escucho a los iniciados decir que si no resolvieron muchos de sus problemas de vida antes de la iniciación, tuvieron que hacerlo después. La iniciación no resuelve mágicamente todos tus problemas de vida. Después de la iniciación, los orishas pueden incluso hacer tu vida más difícil, instándote a resolver tus problemas personales. Después de la iniciación, tienes la responsabilidad de servir tanto a los orishas como a la comunidad, y ya no se trata de ti. Aquellos que entran en la iniciación sin saber esto a menudo enfrentan un despertar brusco.

Entonces, hemos discutido razones por las que alguien no debería iniciarse. Ahora discutamos algunas razones por las que alguien debería iniciarse:

Los orishas pueden instar a una persona a iniciarse durante una consulta o lectura para ayudarla a mantenerse alineada con su destino de vida. Los orishas pueden requerir que una persona se inicie para evitar una tragedia. Los orishas pueden indicar, durante una consulta o lectura, que la iniciación es parte del destino de una persona, quizás porque está destinada a convertirse en un gran adivino. En todos estos casos, no es decisión de la persona iniciarse, sino de los orishas. En última instancia, la persona puede optar por no iniciarse si los orishas lo recomiendan, pero nunca es su elección iniciarse si los orishas no determinan la necesidad. No es decisión del Babalawo, Iyana o cualquier otro sacerdote orisha dar a una persona el derecho a iniciarse. Los orishas y espíritus eligen a la persona, y tales recomendaciones surgirán durante una lectura si este es el caso.

No. Las personas pueden pedir favores a un orisha dejando una ofrenda de comida, comúnmente conocida como Adimu voluntario. Esto se puede hacer en un lugar natural asociado con el orisha, como un lago, río, océano, bosque o montaña, o en un santuario sagrado, templo o el hogar de un sacerdote o sacerdotisa. Después de hacer la ofrenda, la persona reza al orisha por guía o ayuda. Esto puede hacerlo cualquiera, independientemente de su estado de iniciación. Todos también tienen el derecho de trabajar con sus ancestros, Egbe, y Ori. Si bien a menudo se requiere educación para trabajar con estas entidades, la iniciación no es necesaria. Se puede aprender a usar las cinco combinaciones básicas comúnmente utilizadas en la adivinación Obí Agbón para este propósito. Los no iniciados pueden usar este sistema para comunicarse con su Ori, ancestros y Egbe. Sin embargo, deben ser enseñados por un sacerdote competente, y el obi debe ser consagrado por un sacerdote o sacerdotisa competente para que los no iniciados lo usen. La mayoría de los no iniciados recibirán la ceremonia Ori y a menudo tienen un altar dedicado a sus ancestros y un espacio para su Egbe. Los no iniciados trabajan principalmente con sus ancestros, Ori y Egbe. Ocasionalmente pueden visitar un río u océano para hacer una ofrenda Adimu a un orisha y hacer una petición.

¿Cuáles son las responsabilidades de los iniciados?

Los iniciados orisha no solo tienen que atender a los orishas y sus íconos sagrados, sino también alimentarlos y atender las necesidades de toda la comunidad. Deben dirigir las ceremonias y reuniones grandes, ser un buen ejemplo de comportamiento moral para el resto de la comunidad, ayudar a la comunidad a resolver disputas y tomar decisiones cruciales en tiempos de hambre o amenaza a la comunidad que sirven, ayudar a muchas personas en la comunidad que acuden a ellos en busca de ayuda y orientación, participar en iniciaciones de las personas de la comunidad, hacer matrimonios, funerales y ceremonias de nacimiento, realizar adivinaciones comunitarias o individuales y realizar los rituales de sacrificio, entre otras actividades. A menudo somos adivinos, sanadores, transmisores de mensajes divinos y muchas veces consejeros. La responsabilidad de un sacerdote o sacerdotisa no es algo que se deba tomar a la ligera. En muchos aspectos es un trabajo de tiempo completo y, al serlo, el sacerdote o sacerdotisa o templo a menudo solicita un pago de algún tipo para realizar todas estas tareas y funciones. Esta idea de solicitar pago por servicios no es extraña y se practica a menudo en muchas otras religiones del mundo, como el judaísmo y el hinduismo. Sin embargo, es importante que el sacerdote sea claro acerca de los precios y un cliente que busca servicios siempre tiene el derecho de obtener precios de múltiples sacerdotes si no está satisfecho con el costo inicial. Un sacerdote competente y honesto cobrará solo por estas cosas. La primera es su tiempo y la segunda son todos los recursos necesarios, incluidas las ofrendas a los diversos espíritus, los materiales necesarios. Incluyendo en los materiales necesarios, el sacerdote o sacerdotisa también puede cobrar una pequeña tarifa de limpieza de materiales. Lo que proporciona los materiales para que el sacerdote se limpie después de realizar un ritual.

Un sacerdote no cobra por espiritualidad, sino por las cosas mencionadas anteriormente. Todo es un intercambio de energía, y a menudo es cierto que después de hacer un ritual o una tarea para un cliente que consiste en consultar a los orishas, el sacerdote a menudo está agotado por toda la energía que se requirió para hacer estas cosas. Esto a menudo requiere una gran cantidad de energía para completar estas tareas y a menudo necesitamos limpiarnos y reponer esta energía perdida. El dinero también sirve como un intercambio de energía y como un sacrificio del cliente para ayudar al sacerdote a cuidarse a sí mismo. Los sacerdotes a menudo deben hacer consultas/lecturas para ellos mismos a los orishas, así como a su Ori y ancestros. El sacerdote también debe hacer sacrificios por su propio bien a los orishas para que podamos seguir siendo saludables y estar allí para todos aquellos que nos necesitan. Los clientes no están solos en este aspecto. Necesitamos hacer las mismas cosas por nosotros mismos y a veces estos sacrificios pueden ser mucho más costosos para un iniciado que para una persona no iniciada. Los orishas esperan más de nosotros en este aspecto a veces.

¿POR QUÉ LA INICIACIÓN NO SIEMPRE ES LA SOLUCIÓN A TUS PROBLEMAS?

Como discutimos anteriormente, las responsabilidades de un sacerdote iniciado pueden ser muchas. Tristemente es cierto que hay demasiada gente siendo iniciada por sacerdotes incompetentes o corruptos que buscan ganancia financiera. La iniciación no es necesaria y no es para todos. Muchas personas tienen suficientes dificultades atendiendo a sus ancestros, su Ori y sus vidas diarias, agregando otras responsabilidades adicionales al dar a las personas orishas que pueden no necesitar, no es algo que un sacerdote o comunidad competente haría alguna vez. Una vez que una persona recibe un orisha, es responsable de cuidar ese orisha por el resto de su vida. ¡Esto no es algo que deba tomarse a la ligera!

En tiempos antiguos era común que la gente fuera al templo una vez a la semana o en un día específico dedicado a un orisha particular. Es en el templo donde la gente puede visitar y hacer ofrendas a los orishas, ya sea en forma de comida o donación al santuario de ese orisha. A veces, un sacerdote o varios sacerdotes pueden servir en un templo y en varios días pueden dar un sermón o hacer lecturas para el público o hacer un ritual comunitario donde hacen lecturas para varias personas y todos los sacrificios en ese momento.

¿Cuál es la diferencia entre un Babalawo, un Iyanifa o un Babalorisha, Iyalorisha?

En la tradición orisha, hay varios tipos diferentes de sacerdotes. El Babalawo (masculino) y el Iyanifa (femenino) son títulos otorgados a los sacerdotes Ifa, mientras que el Babalorisha (masculino) y el Iyalorisha (femenino) son sacerdotes orisha. Ambos tipos de sacerdotes son iguales, desempeñan diferentes roles y ninguno es superior al otro. La noción de que uno está por encima del otro es un concepto erróneo. Babalawo e Iyanifa son títulos otorgados a sacerdotes iniciados en los misterios de Ifa y son considerados sacerdotes del orisha Orunmila. Han sido iniciados y coronados con el orisha Orunmila, lo que significa su afiliación con la secta Ifa. Estos sacerdotes ocupan una posición significativa en la comunidad orisha, especialmente en asuntos de adivinación. Se cree que Ifa tiene la última palabra en cualquier consulta relacionada con la adivinación.

Por otro lado, el Babalorisha (masculino) y el Iyalorisha (femenino) son sacerdotes que han sido iniciados en otros orishas, excluyendo a Orunmila. Si bien los Babalowos y Babalorishas son igualmente respetados entre los sacerdotes, se especializan en diferentes áreas. Es común que un Babalorisha remita a un cliente a un Babalawo si surge un signo específico durante una lectura, al igual que un Babalawo puede dirigir a un cliente a un Babalorisha particular si el cliente necesita recibir un orisha específico en el que el Babalawo no tiene experiencia. El Babalorisha es considerado la máxima autoridad sobre el orisha con el que ha sido coronado, y es capaz de iniciar a otros en ese orisha específico. Por otro lado, solo un Babalawo tiene la autoridad para iniciar o dar a una persona el orisha Orunmila.

* * *

Pasos Comunes y Rituales de Iniciación en la Espiritualidad de Orisha

Ceremonia de Ori: El propósito de esta ceremonia es alinear y honrar el Ori (esencia espiritual individual) de una persona a través de la limpieza, alimentación y ofrecimiento de homenaje. A menudo implica recibir un ile Ori, un pequeño ícono que representa el Ori, como punto focal de alabanza y apoyo.

Santuario de Ancestros: Establecer y consagrar un santuario ancestral es un paso inicial importante en la espiritualidad de Orisha. Un Babalawo guía a la persona en honrar a sus ancestros en el santuario recién creado.

Honrando Egbe-orun: El individuo recibe un pequeño ícono para honrar a sus compañeros espirituales (compañeros celestiales) y lo coloca en su hogar.

Recibiendo Elekes: Estos collares de cuentas representan Orishas específicos y llevan su poder. Se dan para fortalecer o proteger al usuario, según los resultados de la consulta, sin requerir una iniciación completa en el Orisha.

Recibiendo Orishas: Se pueden recibir íconos que representan varios Orishas antes o después de la iniciación completa. Deben ser cuidados y respetados.

Ceremonia de Isefa: Esta ceremonia marca el comienzo del viaje de una persona en Ifá. Reciben una mano de Ifá, cuentas benditas asociadas con Orunmila, y conocimiento de su Orisha guardián (a menudo basado en su Odu de nacimiento).

Coronación (Ocha o Kariocha): Esta ceremonia de iniciación corona al individuo una vez que conoce su Orisha guardián, convirtiéndolo en Babalorisha (hombre) o Iyalorisha (mujer), sacerdote o sacerdotisa del Orisha específico.

Ceremonia de Itá: Una ceremonia en Ifá que brinda orientación y marca la finalización de la adivinación.

Ceremonia de Itéfa (Ifá): Esta ceremonia sigue a la ceremonia de Isefa y marca la iniciación de una persona como sacerdote de Ifá y Orunmila. Representa una iniciación completa en Ifá.

* * *

Es importante tener en cuenta que recibir un Orisha de un sacerdote no otorga la capacidad de dar ese Orisha a otros a menos que uno esté completamente iniciado en ese Orisha específico. Por ejemplo, un Babalawo puede dar Orunmila o Eshu ya que están coronados sacerdotes de Orunmila, mientras que alguien iniciado en Obatala puede dar Obatala a otros, y así sucesivamente.

Tabúes y Responsabilidades de los Iniciados Orisha

Es importante que los iniciados y devotos de Orisha observen lo siguiente y no rompan estos tabúes:

- 1 Respeta a tus padres y expresa gratitud hacia ellos.
- 2 Muestra respeto a los mayores de tu comunidad.
- 3 Sé amable con los pobres y menos afortunados.
- 4 Mantén la esperanza y la positividad para el futuro.
- 5 No uses tu poder y autoridad para dañar a los demás.
- 6 Respeta la tierra y el medio ambiente.
- 7 Evita el comportamiento inmoral, incluido el robo, la mentira, el engaño, el asesinato y el uso de drogas.
- 8 Respeta siempre al Orisha, realiza tus Ebos y sigue su guía.

* * *

El rol de los Sacerdotes de Orisha en la tradición Yoruba es a menudo multifacético y requiere muchas responsabilidades, incluyendo las siguientes:

1 Preservación y Cuidado de la Cultura Yoruba y la Tradición de Orisha: Los Sacerdotes de Orisha desempeñan un papel vital en la preservación y protección de la cultura de la tribu Yoruba y las tradiciones sagradas asociadas con los Orishas. Aseguran que el conocimiento, los rituales y la historia se transmitan a las generaciones futuras, manteniendo la identidad cultural de la comunidad.

2 Sirviendo a los Orishas: Los Sacerdotes de Orisha actúan como intermediarios entre la comunidad humana y los Orishas, sirviendo a las deidades y cumpliendo sus necesidades. Conducen ceremonias, hacen ofrendas y realizan rituales para honrar y apaciguar a los Orishas, manteniendo una relación armoniosa entre el reino espiritual y la comunidad.

3 Proporcionando Guía y Divinación: Los Sacerdotes de Orisha poseen la capacidad de comunicarse con los Orishas y adivinar las causas de los problemas o dificultades que enfrentan los individuos o la comunidad, ofreciendo conocimientos y orientación para navegar los desafíos de la vida.

4 Sanación y Apoyo Espiritual: Los Sacerdotes a menudo sirven como los médicos espirituales de la comunidad y a menudo poseen conocimientos de la medicina tradicional Yoruba que utilizan para curar enfermedades.

5 Liderazgo Social y Resolución de Conflictos: Los Sacerdotes de Orisha asumen un papel crucial en el mantenimiento del orden social y la armonía dentro de la comunidad. Actúan como mediadores en disputas, asistiendo en la resolución de conflictos y fomentando la reconciliación. Su sabiduría y conocimientos espirituales contribuyen al bienestar de la comunidad al guiar a los individuos hacia una conducta virtuosa y ética.

6 Participación en Eventos Comunitarios: Los Sacerdotes de Orisha dirigen y participan activamente en ceremonias religiosas, festivales y rituales. Aseguran la continuidad de la conexión espiritual entre los vivos y los espíritus ancestrales, honrando y cuidando a los ancestros. A través de su participación, fortalecen los lazos comunitarios y perpetúan las ricas tradiciones culturales del pueblo Yoruba.

En resumen, los Sacerdotes de Orisha, como los Babalawos y Babalorishas, ocupan posiciones espirituales significativas dentro de la tradición Yoruba. Sirven como sanadores, adivinos, guías espirituales, líderes sociales y custodios del patrimonio cultural. Su papel es crucial para mantener el equilibrio entre los reinos humano y espiritual, brindar apoyo y preservar las tradiciones sagradas de la comunidad.

* * *

CAPÍTULO 13
IWA-PELE Y OMOLUABI

Iwa-pele es un concepto fundamental en la tradición espiritual yoruba y se puede traducir como "buen carácter" o "carácter gentil". Es un valor central que rige las creencias y prácticas del pueblo yoruba. Iwa-pele se considera la base para vivir una vida plena, y se cree que tener buen carácter es esencial para alcanzar el éxito y la felicidad en todos los aspectos de la vida. La religión yoruba enseña que Iwa-pele no solo es importante para los individuos, sino también para las comunidades, ya que promueve la armonía social, la cooperación y el respeto por los demás.

El concepto de Iwa-pele está estrechamente vinculado a la idea de Ori, que se refiere a la conciencia interna o destino personal de un individuo. Según la religión yoruba, Ori es la fuerza guía detrás de las acciones y elecciones de un individuo, y tener buen carácter es esencial para cumplir su destino y lograr el crecimiento espiritual. La religión yoruba también enfatiza la importancia de cultivar buen carácter a través de la práctica diaria y la reflexión personal. Al practicar la reflexión personal, podemos fortalecer nuestra conexión con nuestro Ori y estar mejor equipados para enfrentar los desafíos de la vida y alcanzar nuestras metas. Además de la práctica personal, la religión yoruba también enfatiza la importancia del apoyo comunitario en el cultivo de Iwa-pele. Esto incluye participar en rituales y ceremonias comunitarias, buscar orientación de ancianos y líderes espirituales, y trabajar juntos para promover la armonía social y la justicia.

En general, el concepto de Iwa-pele es un valor fundamental en la religión yoruba que enfatiza la importancia del buen carácter para lograr el crecimiento espiritual, la realización personal y la armonía social. Al cultivar Iwa-pele a través de la práctica diaria y el apoyo comunitario, los individuos pueden vivir una vida más significativa y plena de acuerdo con su Ori y el bien común de su comunidad. En la tradición yoruba, el concepto de Iwa-pele, o "buen carácter gentil", se considera una parte esencial de este camino. Cuando encarnamos Iwa-pele, nos convertimos en lo que los yoruba llaman **Omoluabi**, que significa ser recto y virtuoso.

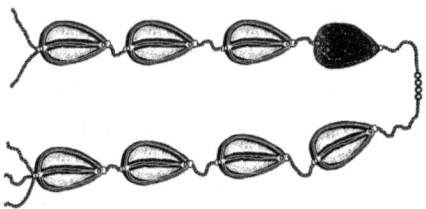

La imagen de arriba es de una Cadena Opele, comúnmente utilizada por los Babalawos durante la adivinación y considerada un símbolo de equilibrio. Se cree que Iwa Pele puede traer equilibrio a la vida de una persona y ayudarla a entrar en ire o alineación con su destino. En un lado de la moneda, tenemos la adivinación y el sacrificio, y en el otro lado tenemos Iwa Pele y el carácter de una persona. Se cree que estos son los principales componentes que mantienen a una persona en ire durante su vida.

* * *

Iwa-pele a veces se describe como una lista de principios éticos positivos de virtud que debemos esforzarnos por practicar diariamente en nuestras vidas, como tratar a los demás con respeto y compasión, tener autocontrol y ser pacientes. En otras ocasiones, Iwa-pele podría describirse como evitar varios tipos de mal comportamiento, como evitar la codicia, la envidia, la deshonestidad, la impaciencia y la ira. Los yoruba también tienen este concepto llamado "tutu", similar a la frialdad, que se refiere a la compostura y conducta moral de uno en situaciones desafiantes. Implica mantener una actitud tranquila y serena en medio de la imprevisibilidad de la vida. Tutu sugiere que aunque uno no pueda controlar todos los aspectos de la vida, los individuos pueden controlar sus reacciones a ella. Los yoruba valoran la idea de ser calmos y serenos, considerándola la mejor manera de navegar las interacciones sociales. Esta noción de "tutu" enfatiza tener compostura y un enfoque sensato para enfrentar los desafíos de la vida. Dentro de la sociedad yoruba, ser tranquilo no solo es deseable, sino también necesario, especialmente entre aquellos con mayor prestigio.

Algunos Orisha pueden describir Iwa-pele como la obligación de seguir los tabúes y prohibiciones que se reciben durante la adivinación, así como honrar a los antepasados, los Orishas y los ancianos de la comunidad. Lo que constituye Iwa-pele puede diferir de una comunidad a otra, pero es importante tener una comprensión básica del concepto en la espiritualidad Orisha. Durante una lectura de adivinación, los Orishas pueden revelarnos que necesitamos cambiar nuestro propio comportamiento o carácter y, en ese momento, ofrecernos orientación a través de sus sacerdotes, Babalawos, Babalorishas, Iyanifas, etc. Los Orishas también pueden ofrecernos orientación durante una lectura sobre cómo cultivar las virtudes de Iwa-pele para superar obstáculos y lograr el éxito en nuestras vidas, especialmente si carecemos de cierto comportamiento moral o virtud que podría estar impidiéndonos alcanzar nuestros hitos espirituales en la vida.

En conclusión, que sigamos viviendo de una manera que agrade a los Orishas, Olodumare y nuestros antepasados. Que los Orishas y nuestro Ori continúen guiándonos en una dirección de crecimiento personal, transformación y en una forma que finalmente nos traiga paz, abundancia e ire en nuestra vida.

* * *

COMUNICARSE CON
LOS ESPÍRITUS

PARTE 2

CAPÍTULO 14
INTRODUCCIÓN A
LA ADIVINACIÓN

LA ADIVINACIÓN SIRVE como piedra angular de la espiritualidad Orisha, actuando como el conducto a través del cual los practicantes y devotos establecen comunicación directa con sus ancestros fallecidos y también con los Orishas. La adivinación proporciona conocimientos para ayudar a los practicantes a abordar sus desafíos mundanos y les brinda una hoja de ruta a seguir para que puedan continuar alineándose con su destino aquí en la tierra. La adivinación en la espiritualidad Yoruba se ve como una forma de comunicación espiritual y es natural y única para cada individuo que busca la guía de esos ancestros que residen en el mundo espiritual. Existe la creencia entre los Yoruba de que los Orishas enseñaron a los humanos a usar la adivinación, y que la adivinación siempre ha existido incluso en el cielo desde el principio. Se dice que el Orisha Orunmila vino a la tierra en tiempos antiguos durante la existencia del Reino de Ile Ife y enseñó a sus discípulos a consultar Odu IFA aquí en la tierra para ayudarnos a sobrevivir y evolucionar espiritualmente aquí. Hay muchas historias de Orunmila en la tierra como adivino descritas dentro del corpus literario de Odu IFA. Muchas historias también se transmiten de familia a familia y de comunidad a comunidad y no se han publicado ni escrito también.

El Odu IFA consta de 16 partes grandes, cada una con 16 subconjuntos o Ese (historias), haciendo un total de 256. Se cree que cada Odu es un patrón o firma único creado por la herramienta de adivinación cuando se usa durante una sesión de adivinación. Este patrón se crea al dejar caer la herramienta en el suelo. Una vez que se presenta el patrón, se cree que crea una energía única. Los tradicionalistas yoruba creen que estos Odu son los bloques de construcción de energía más básicos de los que surgieron todas las cosas en el universo. Esto quiere decir que se cree que estas energías o patrones son las energías originales del mundo natural que Olodumare (Dios) puso en existencia y de su combinación entre sí surgieron todas las fuerzas que gobiernan la naturaleza hoy. La mejor manera de entender esto es equiparando los 256 odus a una especie de descripción de todas las energías cósmicas en el universo, como la tabla periódica de los elementos que a menudo se encuentra en la pared de un aula de química de secundaria.

El propósito principal de la adivinación es que podamos reconectarnos con nuestra conciencia celestial y alinearnos con nuestro propósito final. Es a través del sacrificio que superamos nuestras dificultades y logramos nuestras metas.

Los Propósitos de la Adivinación en la Espiritualidad Yoruba

La adivinación o comunicación espiritual en la espiritualidad Yoruba sirve para los siguientes propósitos:

Proporcionar Sanación Espiritual: Consultar a los Orishas a través de la adivinación puede ayudar a identificar diversos desequilibrios espirituales y energías negativas que pueden necesitar ser abordadas en nuestras vidas para que podamos vivir más enriquecidos espiritualmente. La adivinación a menudo revela sacrificios necesarios para reequilibrar las energías que están fuera de armonía con la naturaleza y el destino de uno en la tierra.

Comunicación con los Ancestros y los Orishas: Creemos que la adivinación proporciona una conexión directa con los ancestros y los Orishas, quienes nos asisten y apoyan en nuestro viaje terrenal.

Obtener Información sobre el Futuro: Los practicantes de Orisha usan la adivinación para obtener información sobre el futuro, ayudándolos a prepararse para desafíos u oportunidades futuras.

Ayudar en la Toma de Decisiones: Es común que los practicantes de Orisha utilicen la adivinación para guiar sus decisiones en diversas circunstancias de la vida. La adivinación ayuda a determinar si un camino elegido se alinea con el destino espiritual del practicante. Muchos practicantes consultan a los Orishas o a sus ancestros antes de tomar decisiones importantes en la vida.

Una Conexión Espiritual: El fundamento de la Espiritualidad Orisha es la creencia de que podemos comunicarnos con los ancestros incluso después de su fallecimiento, y que la muerte no es el final. Esta creencia proporciona fortaleza y sanación tanto para individuos como para comunidades.

* * *

La adivinación es esencial para la supervivencia de la tradición Orisha y es lo que hace que la tradición Orisha sea única y dinámica. A diferencia de muchas otras religiones, tenemos la capacidad de recibir respuestas de los Orishas a través de la adivinación. La adivinación sirve como un puente esencial que conecta a los vivos con el mundo de los espíritus. No solo se cree que es necesario para los Yoruba, sino esencial para toda la humanidad para que obtengamos información sobre nuestro propio desarrollo espiritual aquí en la tierra. Es responsabilidad de los ancestros guiarnos y cuidarnos durante nuestras vidas. La adivinación sirve como una forma esencial en que podemos seguir interactuando con nuestros ancestros, lo cual es, para los Yoruba tradicionales, un aspecto necesario de toda la vida humana aquí en la tierra.

EL PAPEL DEL ADIVINO

El adivino sirve como intermediario entre los Espíritus y la persona que viene a una lectura. Un adivino a menudo está en una posición de autoridad dentro de su comunidad. Los adivinos tienden a ser sacerdotes y sacerdotisas iniciados que luego son enseñados en el arte de la adivinación por otro sacerdote o sacerdotisa mayor antes de obtener permiso para servir al público como adivino. Convertirse en adivino dentro de la tradición Orisha a menudo lleva años de práctica y entrenamiento intenso para adquirir las habilidades para trabajar, servir y comunicarse con diferentes espíritus, cada uno de los cuales tiene personalidades y temperamentos únicos.

Un adivino juega un papel crucial en la comunidad, llevando responsabilidades éticas y morales. Tenemos la responsabilidad de ayudar a quienes vienen a nosotros, incluso si eso significa dirigirlos a otro adivino o casa. Los clientes y las personas que vienen a nosotros a menudo nos ven como ejemplos a emular dentro de la tradición IFA y Orisha. Un adivino nunca debe intentar dañar, aprovecharse, manipular o coaccionar a un cliente. Participar en tales acciones no solo viola las responsabilidades morales y éticas de un adivino cuando trabaja con el público, sino que también viola las leyes de la naturaleza. Un buen adivino a menudo será humilde. Una regla simple a seguir es "No hagas daño". Somos los mensajeros entre el cliente y los espíritus; no somos el mensaje. El negocio de un cliente en una lectura tampoco es nuestro negocio. La mejor manera de hacer nuestro trabajo es transmitiendo el mensaje que los Orishas quieren que el cliente escuche. Nuestro objetivo es simplemente transmitir lo que las divinidades quieren decirle al cliente. Como adivinos, siempre debemos reconocer que un cliente tiene derechos. Podemos enfatizarles, por ejemplo, que realizar sus sacrificios es importante y debe completarse, pero en última instancia, el cliente siempre tiene el derecho de objetar o buscar la ayuda o el consejo de otra persona. Nuestro objetivo, nuevamente, es no hacer daño y ayudarlos lo mejor que podamos en su propio viaje espiritual.

* * *

Nuestras Responsabilidades Hacia los Clientes

Los clientes a menudo buscan en nosotros respuestas. Siempre debemos esforzarnos por ser buenos modelos a seguir y adherirnos a un buen carácter (Iwa-Pele) cuando estamos en el ojo público. Aquí hay una lista de algunas responsabilidades éticas que tenemos hacia nuestros clientes:

- **Honestidad e integridad:** El adivino debe proporcionar una lectura honesta y precisa lo mejor que pueda, evitando información falsa o interpretaciones engañosas. Comunicar claramente el costo de la lectura y cualquier servicio adicional, asegurando transparencia en los asuntos financieros.
- **Confidencialidad:** Respetar la privacidad del cliente manteniendo confidenciales los detalles de la lectura y cualquier información personal compartida durante la sesión.
- **Empatía y compasión:** Demostrar empatía y compasión hacia las preocupaciones y preguntas del cliente, independientemente de la naturaleza de la lectura.
- **Consentimiento informado:** Explicar claramente el proceso y el propósito de la adivinación, asegurándose de que el cliente comprenda qué esperar y esté de acuerdo en proceder. Un adivino nunca debe intentar leer a alguien sin pedirle permiso primero.

- **Objetividad:** Esforzarse por mantenerse objetivo y no imponer prejuicios, juicios u opiniones personales en la lectura.
- **Límites éticos:** Mantener límites profesionales y éticos, evitando explotar la vulnerabilidad o dependencia del cliente.
- **Soporte de seguimiento:** Si es necesario, ofrecer apoyo o recursos adicionales al cliente para una exploración adicional o asistencia para abordar sus preocupaciones.

* * *

Un adivino también tiene responsabilidades con los Orishas y los espíritus, que incluyen lo siguiente:

- *Alimentar y cuidar a los Orishas y otros espíritus.*
- *Dar respeto y aprecio a los espíritus.*
- *Acercarse a los espíritus con un corazón humilde.*
- *El adivino también tiene la responsabilidad de cuidarse a sí mismo realizando los sacrificios necesarios para limpiarse y alinearse de la enfermedad.*

* * *

En conclusión, la adivinación es el núcleo de la espiritualidad de Orisa, conecta a los practicantes con sus antepasados y los Orishas, permitiéndoles recibir conocimiento, orientación y sanación de ellos. Los adivinos desempeñan un papel especial y son muy respetados por la comunidad a la que sirven. Debido a esto, los adivinos siempre deben adherirse a los estándares éticos y profesionales de la profesión del sacerdocio. Siempre deben servir a quienes acuden a ellos de manera neutral, imparcial y respetuosa.

CAPÍTULO 15
COMPRENDER IFÁ

Comprendiendo Odu Ifá

Ifá es un sistema sofisticado de adivinación dentro de la espiritualidad yoruba, gobernado por el Orisha Òrúnmìlà. El término *Ifá se refiere tanto al sistema de adivinación como al sagrado corpus de conocimientos que contiene, conocido como Odu Ifá.* En inglés, Ifá puede entenderse como "la sabiduría divina y la voz de Olódùmarè (Dios)". Más culturalmente, *Odu Ifá* es una colección de conocimientos, historias, tabúes y sabiduría transmitidos oralmente a través de generaciones por el pueblo yoruba. El arte de la adivinación se considera sagrado y se utiliza para buscar guía de los Orishas. En Ifá, la adivinación busca específicamente el consejo de Òrúnmìlà, el Orisha de la sabiduría y destino divinos, que reside sobre la sagrada Ifá. Òrúnmìlà guía al Babaláwo, el sacerdote y adivino de ifá, en la interpretación del Odu.

El proceso de adivinación de IFA

El proceso de adivinación Ifá utiliza o bien nueces sagradas de palma (*ikin*) del árbol '*Elaeis guineensis*', o una cadena de adivinación llamada *opelé*. El *opelé* consta de ocho piezas de coco o vainas de semillas, a menudo llamadas *Aguntan*, del árbol '*Schrebera arborea*'. Estas ocho piezas generan 256 combinaciones posibles (16 × 16), cada una correspondiente a un Odu específico. La palabra yoruba *Odu* significa literalmente "útero" o "cesta", pero en Ifá se refiere a un "capítulo" o unidad de conocimiento sagrado. Metafísicamente, un Odu está compuesto por Àshe, formando una matriz energética, un patrón dinámico de fuerza creativa que fluye a través de la existencia.

Esta energía se manifiesta en el mundo, moldeando eventos, circunstancias y destinos individuales. Es la energía creativa pura del universo, comparable a los elementos en química, que forma la base de la vida y el orden cósmico. Durante la adivinación, el Babaláwo suele transcribir el Odu sobre una tabla circular de madera llamada *òpón Ifá*, una herramienta central en la práctica del Ifá. El *opón Ifá* simboliza todo el universo.

El Babaláwo también puede interpretar el Odu según la forma en que las herramientas de adivinación caen sobre una estera sagrada. Para los yoruba, los Orishas son tan reales como las personas que nos rodean, y la adivinación es una conexión directa con lo divino. Cada Odu contiene un vasto cuerpo de conocimiento sagrado: historias, historia yoruba, versículos, prácticas medicinales, enseñanzas morales y orientación asociada a Orishas específicos. Recibir un Odu da dirección en la vida, incluyendo:

- *Acciones a evitar (tabúes)*
- *Sacrificios (ẹbọ) o rituales para apaciguar a los orishas o corregir un desequilibrio*
- *Orientación sobre cómo honrar y conectar con los antepasados*
- *Remedios para enfermedades o afecciones espirituales en forma de hierbas medicinales o prácticas rituales*
- *Formas de fortalecer el propio Ashe (poder espiritual)*
- *Consejos para mantener la armonía con las fuerzas naturales y cósmicas (àdán)*
- *Orientación sobre conducta moral, comportamiento ético y mantenimiento del equilibrio espiritual*

Los yoruba creen que el Odu no solo ofrece guía para la vida terrenal, sino que también contiene los secretos de la creación y los misterios de la existencia. En la cosmología yoruba, un Odu es más que un texto sagrado; Es un lenguaje vivo a través del cual humanos y divinidades se comunican entre sí. Al nacer, cada persona nace bajo un Odu de vida específico, una firma energética única que sirve como un plano divino para su existencia. Este Odu, o patrón divino de *Ashe*, es la fuente del poder espiritual y la energía divina de una persona, dictando cómo puede manifestar su poder espiritual en el mundo físico. Aunque quizá no recordemos nuestra vida Odu, su energía está siempre presente, moldeando nuestras experiencias, oportunidades y desafíos.

Conocer a un Odu permite alinearse con esta energía inherente, ilumina el propósito y ofrece protección tanto contra daños espirituales como materiales. A través de la iniciación en la tradición Orisha y el acto sagrado de adivinación, esta firma divina se revela por completo, despertando al individuo a su destino y permitiéndole moverse conscientemente en armonía con el flujo cósmico de la existencia.

INTERPRETACIÓN DEL ODU IFA

Durante la adivinación, el Babaláwo comienza invocando a Òrúnmìlà y manipulando ritualmente las nueces sagradas de palma (*ikin*). A través de este método preciso, se revela un Odu específico, un patrón distinto de conocimiento divino y destino. Una vez identificados, el Babaláwo transcribe cuidadosamente las marcas del Odu en el tablero ifa (opon) usando un polvo sagrado llamado *Iyerosun*, hecho de polvo de madera del árbol Iyerosun comido por termitas. Las marcas son un lenguaje visual codificado, que preserva la firma espiritual del revelado Odu. El Babaláwo entonces descifra e interpreta el Odu, basándose en años de entrenamiento y memorización. Cada Odu contiene numerosos versos (*ese Ifá*), proverbios, narrativas históricas, enseñanzas morales e instrucciones rituales.

La interpretación guía al cliente, indicando advertencias, sacrificios recomendados (*ebo*) o alineamientos espirituales necesarios para sus circunstancias vitales. La foto de abajo muestra dos ejemplos tradicionales de cómo se transcribe un Odu durante una consulta de Ifá, destacando la naturaleza precisa y simbólica de este sistema sagrado de adivinación.

Ofun Meji   Iwori Meji

Como se puede ver en la imagen anterior, cada odu, Iwori Meji y Ofun Meji, se representa con ocho líneas, cuatro a cada lado, formando dos patas. Un Odu debe tener 2 patas para formar un odu completo. Cuando ambas patas están presentes, el Odu está completo, con la pata derecha representando lo masculino y la pata izquierda representando lo femenino. Algunos sacerdotes de Ifa ven el lado derecho, masculino, como representando las energías del macrocosmos externo y el lado femenino como representando las energías del microcosmos interno. Juntas, estas dos patas forman una firma de energía distintiva dentro del recipiente sagrado de la creación, conocido como Igba Iwa.

Las líneas, o canales de un Odu, representan el flujo de ase, con una sola línea (I) simbolizando bendiciones y luz, mientras que una línea doble (II) indica cierre, estancamiento o energía bloqueada. El Odu funciona como una hoja de ruta y una representación de las numerosas energías diferentes que gobiernan la naturaleza, nuestras vidas y el universo. Escribir un Odu de esta manera nos ayuda a visualizar e interpretar estos patrones de energía únicos.

Comprender Ese Ifa

Cada Odu se divide en versos a los que nos referimos como 'Ese'. Cada Odu tiene un gran número de versos. No se conoce el número exacto de versos que contiene cada Odu ni tampoco hay una fuente escrita específica. Gran parte del ese se transmite todavía de palabra en boca y no está escrito. A medida que pasa el tiempo, también se pueden añadir más leyendas al corpus de Ifa. Muchas veces, hay versiones ligeramente diferentes y variaciones de historias conocidas transmitidas de comunidad a comunidad. Por lo tanto, no se sorprenda si escucha varias variaciones de la misma historia contada de diferentes maneras. Es por eso que es importante seguir las tradiciones específicas de su propia comunidad, linaje o casa de Orisha. Un Babalawo o Iyanifa competente debe ser capaz de recitar al menos 2 versos para todos los 256 odus con un total de 512 versos.

* * *

LAS HERRAMIENTAS DE IFA

Cuando consultes a un sacerdote de Ifa para una lectura, a menudo lo verás usando diferentes herramientas en el proceso de adivinación. Aquí tienes un breve resumen de las herramientas habituales que usan con más frecuencia:

El Opon Ifa es comúnmente conocido como bandeja de adivinación o tablero de Ifa. Estas bandejas suelen estar elaboradas con madera procedente del árbol africano Iroko (Milicia excelsa). Los artesanos expertos en su tallado suelen crearlas, aunque ocasionalmente los Opons se fabrican con maderas menos costosas debido al alto precio del Iroko. El opon sirve como herramienta de adivinación utilizando nueces de palma sagradas en el contexto de la tradición espiritual Orisha. Es una representación simbólica en miniatura del universo cósmico y a menudo está adornada con tallas que reflejan la mitología yoruba. A menudo, en la parte superior del tablero hay una talla de una cara que representa al Orisha Eshu, quien es visto como un intermediario. Eshu a menudo abre las puertas y facilita la comunicación entre el babalawo e ifa, así como la comunicación entre el babalawo y los otros Orishas. Eshu es siempre honrado y se le ofrecen ofrendas después de cada consulta. El opon se puede dividir en cinco secciones: arriba, abajo, izquierda, derecha y centro, como se ve en la imagen anterior. Cada cuadrante representa las cuatro direcciones cardinales principales y los cuatro movimientos cósmicos de la existencia.

El lado izquierdo del opon, que simboliza el oeste, se conoce a menudo como **Osi-Opon** y a veces está representado por el Odu Oyeku, que simboliza las transiciones, el final de un ciclo, el cambio, la muerte y la transformación.

El lado derecho del opon, llamado **Otun-Opon**, a veces representado como el Odu Ogbe, simboliza la luz expansiva, el este, los nuevos comienzos y la transformación, instando a la necesidad de abrazar lo que está por venir y avanzar.

La parte superior del Opon, llamada **Ori-Opon**, a menudo simboliza los aspectos espirituales de nuestro ser, las divinidades y los reinos celestiales.

El punto central del opon llamado (**kádàrá**) significa destino en inglés, este punto simboliza claridad, el camino y el destino de uno. El centro a menudo representa el punto central, conectando todas las secciones juntas, simbolizando el equilibrio natural que seguimos manteniendo en nuestro camino espiritual.

La parte inferior del opon, llamada **Ese-Opon**, a menudo representa el reino físico de la tierra y la existencia material, enfatizando nuestro bienestar material y los desafíos terrenales.

En resumen, el opon o tablero de ifa dentro de la espiritualidad Yoruba a menudo representa nuestro flujo a través de la vida y la muerte, la transformación espiritual y física, y sirve como una especie de microcosmos de todo el universo. Cuando usamos Obi, podemos determinar de qué aspecto de la vida está hablando el obi basándonos en la ubicación sobre el tablero Opon-Ifa donde caen las piezas de obi después de lanzarlas. Otras herramientas en Ifa incluyen: el polvo Iyerosun, la cadena Opele, Iroke Ifa e Irukere, cada una desempeñando un papel crucial en el intrincado proceso de adivinación, facilitando la comunicación con los Orishas y brindando orientación en asuntos de vida, destino y espiritualidad. A continuación se presenta una descripción más detallada de estas herramientas:

Polvo Iyerosun

Iyerosun es un polvo sagrado utilizado a menudo para marcar Odu en el opon ifa durante la adivinación con nueces de palma sagradas. En África, el polvo Iyerosun se origina en las termitas que ingieren la madera de un árbol particular único para este propósito. En el Caribe, el polvo a menudo se deriva a través de otros medios tradicionales. Iyerosun se esparce sobre el Opon-Ifa (bandeja de adivinación) y se extiende por su superficie para marcar el Odu Ifa.

Cadena Opele

Opele es una cadena utilizada por los sacerdotes de Ifa (Babalawos) para la adivinación. Está hecho de trozos de coco o semillas africanas tradicionales. El opele consta de ocho piezas de semilla o trozos de coco atados entre sí. Sirve como un método más rápido para determinar Odu durante la adivinación en lugar del proceso más lento de utilizar las nueces de palma sagradas. El adivino determinará el Odu lanzando el Opele y el patrón de Odu a menudo se interpreta a partir de esto.

Iroke Ifa

Iroke, también llamado el martillo de adivinación Ifa, se asemeja a un colmillo de un animal con imágenes talladas en él. Tradicionalmente estaban hechos de marfil, pero hoy en día a menudo están hechos de madera o cuernos de ciervo. El Iroke es utilizado por el Babalawo o el adivino de Ifa para golpear rítmicamente el opon ifa para establecer un vínculo desde el reino físico al reino espiritual en el cielo para abrir la comunicación para que el adivino pueda recibir mejor mensajes y orientación.

Irukere

El Irukere, también conocido como abanico de moscas, es una herramienta sagrada elaborada intrincadamente con crin de caballo u otros materiales y a menudo adornada con cuentas. Más allá de su significado simbólico, este implemento sirve a un propósito espiritual, expulsando energías negativas del adivino y limpiando espacios de impurezas espirituales. Más que un simple matamoscas, el Irukere posee poder espiritual, estableciendo una conexión con los Orishas. Desempeña un papel vital en prácticas como la limpieza, la purificación y la canalización de energía positiva y Ase dentro del sistema de adivinación Ifa y la cultura yoruba en general. El Irukere se emplea frecuentemente para limpiar espacios sagrados, hogares y lugares de culto de mala energía. En la cultura yoruba, los jefes y otras figuras autoritarias a veces se ven como poseedores de un Irokere. Cada uno de estos elementos juega un papel crucial en el intrincado proceso de la adivinación Ifa, ofreciendo un medio de comunicación con el Orisha y brindando orientación en asuntos de vida, destino y espiritualidad.

A continuación,
discutiremos los 16 principales Odu ifa....

LOS DIECISÉIS PRINCIPALES ODUS DE IFA
SUS DESCRIPCIONES

* * *

Ogbe Meji

Eji-Ogbe encarna los temas de luz, creación, claridad, destino y alineación con Ori. Su energía representa la luz original de la que emergen todas las cosas, simbolizando el potencial ilimitado de la primera chispa de la creación. En la adivinación, Eji-Ogbe refleja todo lo visible y conocido, similar a Alafia en la adivinación Obi. A diferencia de cualquier otro signo, contiene solo luz, libre de oscuridad, representando una visión clara y un progreso sin esfuerzo hacia las metas. Este es un momento en el que fluyen bendiciones y oportunidades significativas, alineándose con el verdadero potencial de cada uno.

* * *

Oyeku Meji

Oyeku Meji encarna el principio de la oscuridad, siendo el único signo donde no existe luz, simbolizando la oscuridad total y la ausencia de la chispa de la creación. Representa lo desconocido y significa el fin de algo, en contraste con la representación de Ogbe de los comienzos y las entidades conocidas. Oyeku es un paralelo al ciclo natural de la vida, donde todo tiene un principio y un fin. Así como intentar revivir una planta muerta suele ser inútil, encontrarse con Oyeku puede indicar la necesidad de superar una situación que ha llegado a su fin. Representa la oscuridad que rodea la luz, representando la transición entre cada chispa divina (Ogbe). En la adivinación, Oyeku indica la muerte y la transición de una fase a otra. Los ancestros suelen hablar cuando este Odu aparece en una lectura.

Iwori Meji

La esencia de Iwori Meji se caracteriza frecuentemente como una fuerza que guía la transición y el cambio que ocurren al navegar entre lo visible (luz) y lo invisible (oscuridad). Representa nuestra metamorfosis interior. Iwori nos ayuda a transformarnos en algo nuevo, lleno de sorpresas. Iwori refleja los cambios en nuestro interior, fomentando el potencial de crecimiento espiritual. Al igual que la metamorfosis que experimenta una oruga para convertirse en mariposa, Iwori es la energía dinámica que nos impulsa de un estado a otro. A pesar de su ocasional imprevisibilidad y caos, Iwori Meji alberga el potencial para el crecimiento espiritual. Su energía nos ayuda a transformarnos en algo mejor a medida que evolucionamos en el camino de nuestras vidas. El surgimiento de Iwori Meji frecuentemente sugiere que la persona posee un gran potencial, pero estas oportunidades no se materializan debido a defectos en su carácter. Iwori Meji a menudo proporciona una comprensión de la naturaleza interior del individuo.

Odi Meji

La energía de Odi Meji se considera a menudo la energía de la reproducción y el nacimiento. Habla de la relación entre las polaridades masculina y femenina y del equilibrio necesario entre estos dos opuestos para completar la tarea de traer nueva vida al mundo. Cuando aparece este Odu, suele hablar de la importancia de la estabilidad y de estar arraigado en la vida. Cuando Odi Meji aparece en la adivinación, suele indicar el establecimiento o mantenimiento de conexiones y una base sólida y estable en la vida. Este Odu también indica una posible renovación y regeneración. En sentido negativo, este Odu puede significar el deterioro de las conexiones estables en la vida, conflictos dentro de la unidad familiar, o una rigidez excesiva y la necesidad de buscar un nuevo rumbo.

Irosun Meji

Irosun encarna la sabiduría de los ancestros, la conciencia generacional y la forja del destino a través del linaje. Su energía enfatiza la paciencia, la persistencia y el esfuerzo disciplinado, recordándonos que las metas significativas rara vez se alcanzan sin trabajo duro, humildad y honestidad. Este Odu exige fortaleza de carácter, discernimiento entre la ilusión y la realidad y claridad de pensamiento. Irosun señala la importancia de honrar la cabeza (ori), sede de la sabiduría, la memoria y las facultades mentales. El ave Osun simboliza esta guía, actuando como mensajero sagrado de los Orishas y Olodumare. Cuando Irosun aparece, nos anima a buscar apoyo y guía en nuestros ancestros, a practicar la gratitud por lo que ya tenemos y a reconocer el valor del sacrificio para aliviar los desafíos de la vida. Este Odu nos recuerda que el éxito se alcanza con diligencia e integridad. Debemos vivir para nuestro propio destino, no para el de los demás, y trabajar con perseverancia para alcanzarlo. Si bien la vida puede no ser fácil bajo la energía de Irosun, a través de la paciencia, el sacrificio y la dedicación, nuestros objetivos y nuestro verdadero destino pueden hacerse realidad.

Owonrin Meji

Owonrin Meji encarna la energía de las encrucijadas, el cambio y la adaptabilidad. Nos recuerda que la vida es impredecible y que los resultados que experimentamos se ven influenciados por nuestras decisiones y acciones. Este Odu enseña el principio del equilibrio entre la escasez y la abundancia: así como un agricultor no puede cosechar más de lo que ha plantado, nosotros cosechamos los frutos del esfuerzo, la intención y la energía que invertimos en nuestras vidas. Cuando Owonrin Meji aparece, señala la importancia de ser conscientes de nuestras acciones y mantener el equilibrio en todos los ámbitos de la vida. Enfatiza que nuestro comportamiento y decisiones presentes determinan nuestras circunstancias futuras. La adaptabilidad, la paciencia y la previsión son claves bajo esta energía, guiándonos a través de las incertidumbres de la vida y demostrándonos que lo que sembramos con trabajo, integridad e intención es, en última instancia, lo que recibiremos.

Obara Meji

Obara Meji representa el poder de la perspectiva y la capacidad de transformar la vida. Este Odu enseña que nuestra forma de ver las cosas moldea nuestras experiencias y nuestra capacidad de crecimiento. Nos llama a superar las distracciones, aceptar el cambio y perseguir metas más grandes con claridad. El símbolo de Obara Meji muestra luz en la parte superior y oscuridad en la inferior: la luz significa perspicacia, nueva comprensión y el potencial de abundancia, mientras que la oscuridad representa las viejas costumbres y limitaciones que debemos dejar atrás. A través de este Odu, aprendemos que la verdadera transformación proviene de ver la realidad tal como es, lo que nos permite convertir la escasez en riqueza y cultivar la abundancia material y espiritual en todos los ámbitos de la vida.

Okanran Meji

Okanran Meji habla sobre enfrentar nuestras emociones y sentimientos que pueden ayudarnos o perjudicarnos. Este Odu nos enseña que necesitamos integrar el corazón (Okan) con nuestro lado racional y nuestra intuición para mantener la alineación en nuestro destino. Okanran desaconseja decisiones radicales y cargadas de emociones sin pensarlas primero. Okanran también se asocia con el equilibrio de las emociones y la racionalidad al tomar decisiones. Este Odu subraya el equilibrio como crucial para el progreso, advirtiendo contra las emociones descontroladas o la falta de emociones. La palabra clave aquí es equilibrio. Okanran Meji destaca la importancia de progresar a través de los desafíos de la vida con fuerza y compromiso con los objetivos. Profundiza en el impacto de las emociones, enfatizando la necesidad de equilibrarlas y controlarlas durante las dificultades. Este Odu enseña la integración del corazón (Okan) con la racionalidad y la intuición antes de tomar decisiones. Okanran advierte contra las decisiones impulsivas y cargadas de emociones, promoviendo acciones reflexivas y el autojuicio. Okanran sugiere considerar todos los puntos de vista antes de decidir.

Ogunda Meji

Ogunda Meji encarna la energía del hierro y la guerra, representando la fuerza que impulsa la acción, el coraje y el progreso. Este Odu nos enseña a afrontar los desafíos directamente, superando obstáculos y abriendo caminos que permiten el crecimiento y el progreso. Guiado por Ogun, el Orisha del hierro, la guerra, la tecnología y el trabajo, Ogunda enfatiza que nada valioso se logra sin trabajo duro, disciplina y determinación. Mientras que otros Odu, como Okanran Meji, se centran en el equilibrio emocional, Ogunda invoca la fuerza de voluntad física y la persistencia, instándonos a afrontar las pruebas de la vida con coraje y fortaleza. Ogun nos pone a prueba y nos empodera, demostrando que el esfuerzo que ponemos en superar obstáculos transforma la lucha en fuerza. Ogunda Meji nos recuerda que el progreso y el éxito requieren acción: la forja de los desafíos de la vida fortalece el corazón, desarrolla la resiliencia y allana el camino hacia logros duraderos.

Osa Meji

Cuando Osa Meji aparece, suele significar un cambio repentino e inesperado. La orisha dominante en este odu es Oya. Algunas cosas en la vida ocurren de forma repentina y rápida, y pueden no ser justas ni agradables. La orisha Oya rige principalmente este odu. Oya rige la fuerza de la naturaleza que trae cambios repentinos y abruptos en la vida de las personas, especialmente si algo necesita cambiar. Sin embargo, ¡advierte con mucha antelación! Es importante confiar en nuestra intuición. Este cambio a menudo puede sentirse como angustiante y caótico, pero tras él llegan nuevos comienzos, renovación y crecimiento. A veces, Oya se presenta en la vida de las personas como un torbellino porque la persona no ha abordado un aspecto de su vida que necesita un cambio. Otras veces, Oya se presenta en la vida de alguien como una protectora feroz, defendiéndola del daño. Oya también es vista como una gran protectora de los muertos y los antepasados, y es la madre de Egungun. A veces, Egungun también puede hablar cuando aparece este odu.

* * *

Ika Meji

Ika Meji habla sobre la importancia de aprovechar nuestro poder interior y desarrollar el ashe personal que poseemos para dirigirlo hacia las manifestaciones positivas que deseamos en nuestras vidas. Ika Meji también habla sobre la acumulación de ashe personal para alcanzar las metas deseadas. Cuando Ika Meji aparece en la manifestación negativa, nos advierte contra el uso de nuestro poder personal de forma autodestructiva. También nos advierte que evitemos las cosas en la vida que pueden mermar nuestro poder personal. Debemos evitar entregar nuestro poder personal a otros con tanta libertad. Los yoruba creen que la pérdida del poder personal puede resultar en enfermedades físicas y espirituales. El ashe se considera una recompensa que recibimos de las divinidades por hacer ciertas cosas correctamente aquí en la tierra. Tales cosas pueden incluir poseer buen carácter, realizar buenas obras y hacer ebo después de la adivinación. En conclusión, Ika Meji trae consigo las bendiciones del logro y la sanación si desarrollamos nuestro propio ashe interior y aprendemos a avanzar positivamente hacia nuestras metas.

***

Oturupon Meji

Oturupon Meji señala un enfoque en la salud, la resistencia y la estabilidad. Este Odu nos recuerda que cuidar el cuerpo es esencial para afrontar los desafíos de la vida. Fomenta una nutrición adecuada, la atención a las prácticas espirituales o tabúes, el manejo del estrés y la protección del sistema inmunitario para prevenir enfermedades antes de que surjan. Oturupon Meji también enfatiza la resiliencia y la perseverancia. La vida puede traer dificultades, pero al cuidarse con constancia y atención plena, se desarrolla la fuerza para soportar y superar las adversidades. En algunos casos, la sanación puede implicar rituales, sacrificios o prácticas de purificación para restablecer el equilibrio y despejar obstáculos. Este Odu aconseja acciones prácticas: es un buen momento para un chequeo médico o consultar a un profesional de la salud si se siente mal. Al combinar el autocuidado consciente, las medidas preventivas y la conciencia espiritual, Oturupon Meji ayuda a mantener la estabilidad física, emocional y espiritual, permitiéndote afrontar las pruebas de la vida con resistencia y confianza.

Otura Meji

Otura Meji suele otorgar la capacidad de percibir la verdad y experimentar visiones. Estas visiones pueden surgir de sueños, fuentes espirituales o estar alineadas con creencias profundamente arraigadas sobre el mundo. Por otro lado, estas visiones pueden fomentar una sensación de importancia exagerada, superioridad moral o rigidez, lo que dificulta el crecimiento personal. Desde una perspectiva positiva, las visiones de Otura pueden ayudar a las personas en su desarrollo personal y la consecución de metas. Enseñar a otros puede ser un desafío si se carece del conocimiento del tema.

Irete Meji

Irete Meji sirve como recordatorio del poder de la integridad personal y una vida virtuosa. Este Odu advierte contra el autosabotaje y las decisiones impulsivas y dañinas, guiándonos en cambio hacia caminos que fortalecen el carácter. Destaca que la verdadera riqueza, fortuna y bendiciones se obtienen mediante la perseverancia, la buena conducta y la disciplina moral. Se enfatiza la iniciación y la guía espiritual de Ifá y los Orishas como herramientas para el crecimiento personal y la superación personal. Al cultivar la virtud, honrar los compromisos y actuar con honestidad, uno se alinea con las fuerzas que traen bendiciones duraderas. En algunos casos, pueden requerirse sacrificios o rituales para eliminar obstáculos y proteger la vida, lo que refuerza la importancia de la persistencia y la determinación. Irete Meji enseña que las bendiciones se ganan mediante la integridad: vivir con honor y forjar un buen carácter abre el camino a la prosperidad, la guía y la plenitud en la vida.

Oshe Meji

Cuando aparece Oshe Meji, resalta la importancia de la paciencia y la reflexión profunda antes de actuar. Este Odu enseña que la verdadera abundancia y prosperidad surgen cuando las decisiones se toman con cuidado y se respeta el tiempo. Al detenerse a considerar todas las opciones, uno se alinea con el flujo natural de la creatividad y la riqueza, permitiendo que las oportunidades se desarrollen plenamente. Oshe Meji nos recuerda que las bendiciones se manifiestan con mayor fuerza cuando las acciones armonizan con el ritmo del universo, y que esperar el momento oportuno puede generar mayor prosperidad, visión creativa y éxito duradero.

Ofun Meji

Ofun Meji, el último Odu de los 16 principales de Ifá, marca la culminación de un ciclo. Señala el momento en que los esfuerzos y las experiencias alcanzan su plenitud, poniendo de relieve las lecciones del camino. Este Odu ilumina el camino con claridad y comprensión, revelando verdades que antes estaban ocultas y mostrando el camino a seguir con transparencia. Es un momento de emerger a la luz, donde los desafíos se resuelven y los obstáculos dan paso a la comprensión y la sabiduría. En la adivinación, Ofun Meji invita a la reflexión y al discernimiento, animando a abrazar el crecimiento espiritual, actuar con integridad y alinear las acciones con la verdad. Nos recuerda que el final de un ciclo es el comienzo de una mayor iluminación, y que la comprensión llega cuando integramos plenamente las lecciones de la experiencia.

CAPÍTULO 16
EL CONCEPTO YORUBA
DE SACRIFICIO

Si ALGUNA VEZ has pasado por una lectura de adivinación dentro de la tradición orisha, probablemente hayas observado que después se recomienda un sacrificio o "Ebo". Comencemos este capítulo con una pregunta fundamental: ¿qué es el sacrificio y con qué frecuencia debemos hacer sacrificios para lograr nuestros objetivos en la vida? Muchos aspectos de la vida involucran sacrificio. Por ejemplo, dedicar una hora diaria a caminar y hacer ejercicio para mejorar tu salud o practicar prudencia financiera ahorrando dinero y reduciendo gastos, ya sea para asegurar una mejor jubilación o para finalmente tomar esas vacaciones de ensueño que siempre has deseado. Estos son solo un par de los innumerables sacrificios que hacemos en nuestra vida diaria.

En la tradición Yoruba, se cree que el sacrificio trae bendiciones, a menudo llamadas "Ire", a la vida de uno. Los Yoruba consideran el sacrificio como uno de los aspectos más significativos de la existencia, viéndolo como una forma de mejorar el "Ase" o poder de un individuo. Existe la creencia de que todos poseen una cierta cantidad de poder, conocido como "Ase", que les permite manifestar sus deseos, siempre que esté alineado con sus destinos y sea aprobado por las divinidades y los ancestros. En cierto sentido, tenemos la capacidad de poder creativo similar al de Olodumare, aunque en una escala considerablemente menor.

Se cree que el sacrificio despeja el camino, permitiéndonos comprender mejor el propósito de nuestra vida y manifestar mejor nuestros logros destinados. Se considera la fuerza que amplifica el Ase de uno y facilita la realineación de la vida de una persona con su camino previsto en armonía con su destino. Los Babalawos y otros individuos iniciados que siguen una consulta de adivinación para sí mismos también deben hacer su Ebo. Es importante tener en cuenta que realizar Ebo después de una lectura es algo que todos hacemos independientemente de estar iniciados o no. Además, la adivinación en sí se considera que tiene dos componentes principales: la lectura en sí y el Ebo. Aquí hay un vistazo a algunas de las razones más comunes por las que se realiza Ebo después de una lectura:

LOS YORUBA VEN EL EBO COMO UNA FORMA DE CONECTARSE CON EL MUNDO ESPIRITUAL Y BUSCAR AYUDA PARA NAVEGAR LOS DESAFÍOS DE LA VIDA

- *Ebo: se considera esencial para transformar desgracias en fortunas.- Puede realizarse para protección y prevenir daños de fuerzas negativas o entidades dañinas. También puede servir para sanar y superar enfermedades o situaciones difíciles que una persona no puede manejar por sí sola. El Ebo ayuda a restaurar el equilibrio y la armonía en la vida al abordar desequilibrios o perturbaciones detectadas durante la lectura de adivinación. A veces, se puede usar para resolver conflictos dentro de familias o comunidades buscando intervención divina.*

Se cree comúnmente que negarse a hacer ebo después de una lectura no ayudará al cliente e incluso puede empeorar sus problemas. Esta es una creencia muy común entre muchos practicantes de Orisha, y se mantiene igualmente en toda la diáspora yoruba. Se dice que el Ebo es un hijo de Orunmila, lo que significa que sin Ebo se cree que nada funciona. Algunos practicantes pueden ver el Ebo como el aceite que engrasa las partes de la máquina de su vida y elimina el óxido para que todos los componentes funcionen correctamente.

VAMOS A REPASAR INFORMACIÓN BÁSICA SOBRE EBO Y LA ADIVINACIÓN

La guía de un Sacerdote o Sacerdotisa es crucial al realizar cualquier tipo de Ebo. Una persona no iniciada no debe intentar realizar Ebo por sí misma sin guía. Esto puede ser peligroso y confuso si la persona no iniciada no tiene el conocimiento para hacerlo correctamente. No todos los Ebo requieren sangre y el sacrificio de un animal. Ebo se puede dividir principalmente en dos grupos diferentes: sacrificio de sangre, que se conoce como "Ebo Eje", y sacrificio sin sangre, comúnmente conocido como "Adimu, Adura, Iwa".

- **Adimu:** *El término "adimu" a menudo se traduce como "dar gracias" y se usa frecuentemente para referirse a una ofrenda de comida o bebida* preparada para un Orisha o un ancestro. Un adimu puede ser tan simple como ofrecer un vaso de agua o tan complejo como preparar un festín. A menudo se acompaña de Adura, que se traduce como oración, devoción y dedicación.

- **Ebo Adura**: "oración" A veces, un Orisha puede pedirle al cliente que sea más devoto y dedicado a un Orisha o ancestro en particular. Este tipo de sacrificio puede tomar la forma de pasar tiempo sentado frente a su altar por un tiempo específico cada semana, sentado en la naturaleza donde un Orisha particular está presente por un cierto tiempo en meditación u oración a ese Orisha, o asegurarse de que su altar se limpie con más frecuencia. Estos son solo algunos ejemplos de lo que podría consistir Adura.

- **Ebo Iwa**: Iwa significa "carácter". Este tipo de sacrificio a menudo implica cambiar el carácter o comportamiento de una persona, como a veces lo solicita un Orisha.

- **Etutu**: Una ofrenda a menudo dada a los ancestros, generalmente en forma de Adimu.

- **Akose**: Una mezcla purificadora, limpiadora o curativa de hierbas y diversos artículos utilizados para la curación y purificación.

Tenga en cuenta que un Ebo Eje puede o no ser requerido con un Akose, Ebo Iwa, Ebo Adura o Adimu, etc. A veces, tanto un Ebo Eje como un Adimu, junto con Ebo Adura, son necesarios en un ritual llamado Eboriru.

- **Eboriru**: A menudo practicado por sacerdotes de Orisha, especialmente Babalawos, involucra oraciones (Adura) y puede incluir tanto Ebo Eje (sacrificio de sangre) como Adimu (ofrendas de comida). Este método es visto como la forma tradicional de ofrecer Ebo por algunos practicantes de Orisha.

- **Ipese**: significa apaciguar y hacer las cosas bien, a veces se usa para referirse a una ofrenda dada a las Iyaami, las madres.

En la espiritualidad de Orisha, los humanos somos vistos como sagrados y encarnamos una Conciencia divina, que llamamos Ori. Cada persona posee un destino único y es considerada divina. Se cree que los humanos tenemos un propósito divino en la Tierra para asistir a Olodumare (Dios) en la continua creación y cuidado del mundo físico que llamamos Tierra. Los humanos estamos aquí también para aprender a evolucionar y crecer espiritualmente. Si bien los animales tienen un propósito, creemos que carecen de ciertas cualidades divinas que nosotros, como humanos, poseemos.

El propósito principal de la ciencia espiritual de Ifa y Orisha es sanar, salvar, proteger y mejorar la vida humana, con el objetivo de proporcionar iluminación para el mejoramiento de la vida en la Tierra. La espiritualidad de Orisha se enfoca en la preservación de la vida. Orunmila, quien llegó a la Tierra hace miles de años, enseñó la adivinación a la humanidad para ayudarlos a salvar vidas. Desafortunadamente, algunas personas interesadas en demonizar la espiritualidad de Orisha se acercan a ella con una mente cerrada, tratando de burlarse de sus seguidores e infundir miedo en aquellos con poco o ningún conocimiento de la religión. Su objetivo suele ser convertir agresivamente a otros a sus sistemas de creencias autoritarios.

Esto ha llevado a un amplio malentendido y prejuicio en la opinión pública. Lamentablemente, hay más personas por ahí tratando de atacarnos que aquellas que apoyan nuestro derecho a la libertad de religión. A menudo somos descritos por nuestros críticos como "adoradores del diablo" o "creyentes en Satanás", entre otras cosas. Esto ha llevado y sigue llevando a una discriminación generalizada en nuestro contra, convirtiéndonos en una minoría perseguida. Desafortunadamente, cuando se trata de persecución, las viejas costumbres nunca parecen morir. Este sesgo, especialmente de ciertos individuos religiosos tradicionales, ha llevado a afirmaciones falsas, como equiparar el sacrificio animal con el sacrificio humano, adorar a "Satanás" como se mencionó anteriormente, y numerosas otras acusaciones extrañas que se nos imponen simplemente por practicar nuestro derecho a creer y adorar de la manera que deseamos pacíficamente.

Lo que estos individuos llenos de odio están dispuestos a decir sobre nosotros y cualquier otro sistema de creencias que consideren indigno de la salvación de Dios nos estigmatiza en los medios de comunicación. Dado que somos una comunidad tan pequeña, puede ser difícil defendernos de estos ataques viciosos. Nosotros, como practicantes de Orisha, a menudo respetamos la vida animal y humana más que algunas otras culturas y religiones. Solo hay que mirar la crueldad practicada en los mataderos occidentales.

La práctica del sacrificio animal está profundamente arraigada en la cultura tradicional africana, donde sirve como fuente principal de alimento. También tenemos regulaciones estrictas sobre cómo se realiza el sacrificio animal y regulamos estrictamente quién puede y quién no puede realizarlo.

A CONTINUACIÓN SE PRESENTAN ALGUNAS
PAUTAS SOBRE EL TEMA:

- La persona debe tener permiso de un sacerdote o sacerdotisa legítimo y ser un sacerdote o sacerdotisa legítimo de la tradición para poder realizar el sacrificio animal.
- Un Orisha u otra entidad espiritual debe considerarlo necesario a través de medios de adivinación y el individuo debe estar adecuadamente capacitado para realizarlo.
- El sacrificio animal requiere capacitación y diversas instrucciones de un sacerdote o sacerdotisa legítimo de la tradición y no debe ser realizado por un individuo inexperto o no iniciado. Tomar la vida de un animal es un acto serio y no debe tomarse a la ligera.

* * *

MI LISTA DE ARTÍCULOS
DE EMERGENCIA

A menudo mantengo los siguientes artículos a mano en caso de que necesite hacer una adivinación y una ofrenda rápida. Sugiero lo siguiente:

Una pequeña vela blanca: Usada para traer luz, iluminación y claridad. También se puede leer la llama para determinar qué energías espirituales rodean a la persona. Las velas pueden ser útiles para determinar cómo se siente el Orisha, si está contento o no.

- **Coco:** A veces se ofrece un coco entero, otras veces solo aceite o agua de coco.
- **Ron o ginebra:** A menudo es un artículo necesario para algunos de los Orishas guerreros masculinos.
- **Aceite de palma:** A menudo, Eshu y Orunmila piden aceite de palma.
- **Varitas de incienso**: Oya puede pedir una ofrenda de incienso.
- **Agua:** Lo primero que se debe ofrecer. El agua se da como ofrenda a todas las deidades y se utiliza para limpiar y purificar.
- **Miel:** Usada para endulzar, dada como una ofrenda para traer dulzura a la vida.
- **Flores:** Ofrecidas a todos los Orishas, particularmente a los ancestros, como símbolo de salud y felicidad.
- **Effun o Cascarilla:** Este artículo es sagrado para el Orisha Obatalá y puede usarse para limpiar o marcar un espacio sagrado dibujando un círculo con él y colocando ofrendas dentro del círculo.
- **Dulces:** A veces se le ofrecen dulces al Orisha Eshu/Elegua.
- **Harina de maíz:** Se usa para hacer lo que se llama "eko". Es una masa hecha de harina de maíz y agua. Esto se da como una ofrenda común a muchos de los Orishas.
- **Frutas:** Representan abundancia, vitalidad y nutrición, ocasionalmente ofrecidas para traer dulzura a la vida.

En conclusión, el sacrificio, conocido como "ebo", tiene una importancia significativa en la tradición Orisha. Sirve para conectarse con el mundo espiritual, transformar las desgracias en fortunas y buscar protección, curación y equilibrio en la vida. Ebo es un aspecto fundamental de la adivinación y es esencial para aquellos que buscan orientación y ayuda de los Orishas. Es importante acercarse al Ebo con la guía de un Sacerdote o Sacerdotisa, reconociendo que no todos los Ebo requieren sacrificio de sangre. Aunque el sacrificio animal forma parte de esta religión, no siempre es obligatorio. Entender el significado cultural y el contexto de estas prácticas dentro del panorama religioso es fundamental, especialmente en sistemas de creencias no occidentales que pueden tener diferentes estándares. Dentro de la espiritualidad Orisha, la preservación de la vida humana es central en nuestra religión. Un Babalawo no dudará en sacrificar un animal si es necesario para salvar una vida humana.

* * *

CAPÍTULO 17

IRE E IBI: ACEPTANDO EL EQUILIBRIO DEL DESTINO

EN ESTE CAPÍTULO, exploramos las energías espirituales conocidas como Ire (bendiciones) e Ibi (desafíos). Los yoruba creen que cada persona entra en el mundo con un destino predeterminado y puede estar alineada con él o desviarse de él. Esta alineación se conoce como "Ire" o "Ibi", a veces reemplazada por "Osogbo" en la diáspora. Cuando se está en "Ire", la vida está en equilibrio con el destino, trayendo bendiciones y cosas buenas. Por el contrario, cuando uno está desajustado, a pesar de los esfuerzos, se cree que está en "Ibi" o experimentando desafíos.

Los problemas dentro de Ire suelen ser menos severos, pero cuando se intensifican, se recomienda consultar a un Babalawo o sacerdote para determinar si uno está en Osogbo, Ibi o Ayewo, lo que indica un desalineamiento con el destino y las bendiciones. El término "Ibi" a menudo se malinterpreta debido a su significado perdido en la traducción. "Ibi" significa lo que desafía o cuestiona a una persona. La traducción común a menudo presenta "Ibi" como malo o equivocado, pero esto es incorrecto. "Ibi" a menudo significa la fuerza que nos impulsa a cuestionar situaciones desafiantes en nuestras vidas. A menudo se manifiesta como una desgracia que es difícil o dura de aceptar, lo que nos lleva a preguntarnos "¿Por qué me está pasando esto?"

Los practicantes de Orisha pueden atribuir la desgracia a un espíritu llamado Elenini, que se cree que entrega Ibi u Osogbo. Algunos consideran a Elenini como un demonio, mientras que otros lo ven como un aspecto negativo de nuestra conciencia espiritual que impide el crecimiento espiritual. La falta de atención a los desequilibrios de la vida puede llevar a Elenini a manifestarse de diversas maneras, a menudo cuando nos involucramos en un mal juicio moral o actividades inapropiadas. Superar a Elenini e Ibi a menudo requiere buen carácter, sacrificio y paciencia. Ebo, una ofrenda, ayuda a alejar a Ibi y atraer a Ire.

Se cree que todos entran en el mundo con un propósito o destino único. Desviarse de su propio destino y seguir otro puede interrumpir la alineación. La adivinación busca orientación de las divinidades sobre los cambios necesarios para realinearse con nuestro destino. Estar en alineación, o "estar en Ire", significa equilibrio y armonía con el destino. Incluso en nuestro camino elegido, Osogbo puede manifestarse, enfatizando la importancia de las lecturas y el Ebo. Ebo sirve para repeler a Ibi y atraer a Ire. Ire e Ibi, a veces llamados Osogbo o Ayewo, funcionan como principios rectores, fomentando el crecimiento espiritual y el equilibrio de la vida. Ibi presenta oportunidades de aprendizaje y crecimiento, mientras que Ire trae la dulzura de la vida. Ebo juega un papel protector en este proceso.

* * *

En la siguiente historia encontrada en el Odu: **Okanran Meji**, podemos obtener información sobre la relación entre Ire (bendiciones) e Ibi (cuestionar la desgracia). Esta historia se conoce como "**La Rivalidad Divina**" entre dos hermanos:

Érase una vez, había dos hermanos. Uno se llamaba "El que trae bendiciones" y el otro "El que trae desgracias". Ambos eran grandes guerreros, pero tan diferentes como el día y la noche, compitiendo constantemente para demostrar su superioridad. Con el tiempo, su continuo conflicto molestó a muchas divinidades. A medida que los días se convirtieron en noches, el resentimiento de los hermanos creció. Un día, Olorun, el Señor de los Cielos, escuchó sus disputas y decidió poner fin al conflicto. Llamó a los hermanos y les preguntó por qué peleaban. Ambos respondieron que querían saber quién poseía la mayor cantidad de Ase (poder espiritual).

Olorun ordenó a ambos que realizaran un sacrificio (ebó) y aparecieran ante él a la mañana siguiente. El hermano mayor, "El que trae bendiciones", creía que tenía mucho tiempo y decidió retrasar el sacrificio hasta la mañana. Mientras tanto, "El que trae desgracias", el hermano menor, se preparó e hizo el sacrificio inmediatamente esa noche. A la mañana siguiente, "El que trae bendiciones" se despertó tarde y llegó tarde a la casa de Olorun, mientras que "El que trae desgracias" ya estaba allí. Cuando Olorun preguntó si habían obedecido sus instrucciones, "El que trae bendiciones" admitió que no había completado el ebó a tiempo. "El que trae desgracias" declaró con orgullo que había seguido todas las instrucciones.

Complacido con la obediencia del hermano menor, Olorun decretó que "La desgracia" tendría dominio sobre el mundo. También declaró que "El que trae bendiciones" solo existiría en un solo lugar a la vez y aparecería brevemente, mientras que "La desgracia" podría aparecer en múltiples lugares simultáneamente. Esta historia enseña que Ire (bendiciones) pasó a ser conocido como el espíritu de la falta de fiabilidad, mientras que Ibi (desgracia) se convirtió en el espíritu de la fiabilidad. La desgracia gobierna el mundo, mientras que las bendiciones se manifiestan brevemente en la vida de uno. Cuando aparecen las bendiciones, debemos aprovechar la oportunidad, ya que son raras y fugaces.

* * *

Lista de Diferentes Tipos de Ire e Ibi

En la vida, las bendiciones y la desgracia pueden manifestarse de diversas formas. A continuación, se presenta una lista de algunos de los diferentes tipos de Ire e Ibi u Osogbo:

* * *

Varios Osogbos e Ibís (desgracias) que pueden manifestarse en nuestras vidas:

- **Osogbo Ikú**: Muerte.
- **Osogbo Ofo**: Pérdida y dolor.
- **Osogbo Arun**: Enfermedad y dolencia.
- **Osogbo Ewon**: Encarcelamiento y pérdida de libertad.
- **Osogbo Ina**: Guerra, discusiones, envidia y chismes.
- **Osogbo Oran**: Problemas y crimen.
- **Osogbo Ogu**: Maldiciones a través de la brujería.
- **Osogbo Ona**: Luchas actuales o futuras.

Varios Irès (bendiciones) que pueden manifestarse en nuestras vidas:

- **Ire Abilona**: Caminos abiertos por delante.
- **Ire Didara**: Bienestar.
- **Ire Aje**: Riqueza.
- **Ire Aiku**: Salud, longevidad, vida.
- **Ire Lalafia**: Felicidad.

- **Ire Omo**: Niños.
- **Ire Owo**: Dinero.
- **Ire Loshowo**: Bendiciones a través del comercio y los negocios.

* * *

En el delicado equilibrio de Ire e Ibi, encontramos la esencia del viaje de la vida. Al alinearnos con nuestro destino y abrazar la adivinación y los rituales, navegamos los desafíos con resiliencia e invitamos las bendiciones de Ire. La desgracia, a menudo un maestro disfrazado, ofrece lecciones que moldean nuestro crecimiento espiritual y nos ayudan a reconocer cuándo estamos fuera de alineación con el destino. A través de estas fuerzas entrelazadas, aprendemos y evolucionamos espiritualmente.

CAPÍTULO 18
INTRODUCCIÓN A LA
ADIVINACIÓN CON OBI

Bienvenidos al reino místico de la adivinación con Obi, una práctica sagrada profundamente arraigada en la antigua tradición espiritual Yoruba y adoptada por los Yoruba y sus descendientes en todo el mundo. Obi es la piedra angular y la base del sistema de adivinación Yoruba. Aunque sirve como punto de partida, este sistema está lejos de ser simple, ofreciendo muchas capas por explorar. En este capítulo, examinaremos las cinco combinaciones básicas. En el próximo capítulo, profundizaremos en los aspectos más avanzados de este sistema antiguo. Comenzaremos nuestro estudio de la adivinación con Obi con una introducción a la historia del Orisha Obi, que se encuentra en el **Odu Obara-Osa**. Esta historia tiene varias versiones, y la que se presenta a continuación es la que me contaron:

La historia del Orisha Obi

En los tiempos antiguos, cuando los Orishas y los humanos habitaban el mundo y el portal entre los cielos y la tierra aún no estaba cerrado, existía un Orisha llamado Obi. Él servía y alabada a Olofin con tanta belleza y gracia que Olofin lo bendijo con una inmensa fuerza, sabiduría y Ase. Olofin vio un gran potencial en Obi y le dio la tarea de salir al mundo y servir a los humanos como adivino, ayudándolos a encontrar su camino. Rápidamente, Obi se hizo famoso por su habilidad para sanar y ayudar a quienes acudían a él. Muchas personas buscaban la guía de Obi. Sin embargo, con el tiempo, Obi se volvió orgulloso y arrogante, al ver cuánto dependían los humanos de su orientación. Comenzó a exigir muchas cauríes (dinero) por sus servicios y rechazaba a las personas que no podían pagar, mostrando desprecio por los menos afortunados.

Un día, Eshu, un amigo de Obi, escuchó sobre la arrogancia de Obi y decidió ver si los rumores eran ciertos. Disfrazado de mendigo, Eshu fue a la casa de Obi y pidió ayuda, ofreciendo solo un coco a cambio. Para sorpresa de Eshu, Obi lo maldijo y lo echó, prohibiéndole regresar. Perturbado por el comportamiento de Obi, Eshu fue a Olofin y le contó a Dios lo sucedido. Olofin decidió disfrazarse también de mendigo y pedir ayuda a Obi. Cuando Obi abrió la puerta, se enfureció al ver a un mendigo ante él. En ese momento, Olofin reveló su verdadera identidad a Obi y, al darse cuenta de lo que había hecho, Obi cayó de rodillas pidiendo perdón. Olofin, entristecido por la transformación de Obi de un Orisha puro y respetado a un ser arrogante, le quitó la voz y su belleza exterior, convirtiéndolo en un coco. Olofin castigó a Obi colgándolo en lo alto de un árbol para simbolizar su arrogancia, pero nunca permanecerá allí permanentemente, porque una vez que caiga, tocará el suelo. También se dice que Olofin mantuvo a Obi puro y blanco por dentro y que hizo su cáscara exterior fea y marrón para que la gente recordara la pureza y devoción de Obi a Olofin antes de que se contaminara con la fealdad y la codicia.

La historia continúa: desde ese día en adelante, Obi solo podía hablar cuando se le permitía, como castigo por su orgullo. Olofin instruyó a Obi a servir a todos los que acudieran a él de manera sincera y honesta, sin importar su estatus o posición. Obi se convirtió en un servidor de todos los que buscaban su ayuda, su poder ahora se manifestaba a través del coco. El castigo de Obi sirvió como un recordatorio de que el verdadero carácter no se mide por la fuerza o el estatus, sino por la bondad y el respeto hacia los demás, especialmente los menos afortunados.

* * *

Esta historia nos enseña que la verdadera belleza no reside en las apariencias exteriores, sino en nuestro carácter interior. También nos advierte que siempre debemos esforzarnos por tener un carácter amable, o iwa pele. La arrogancia de Obi lo llevó a su caída, demostrando los peligros de tener un mal carácter. Su transformación sirve como una metáfora poderosa del potencial dentro de cada uno de nosotros para superar nuestro ego y abrazar el Omoluwabi, que es el ideal Yoruba de alguien que se esfuerza por tener un buen carácter en la vida. Obi es un Orisha, y siempre se le debe acercar con respeto, como a cualquier otro Orisha en el panteón Yoruba. La adivinación con Obi también se considera una conexión sagrada entre el Orisha y los participantes dentro de la espiritualidad Orisha.

Consejo: Sugeriría a mis lectores que sean cautelosos si deciden mezclar prácticas tradicionales Yoruba, Orisha, con cualquier otra tradición, cultura o práctica no Yoruba. Siempre pidan permiso a los Orishas u otros espíritus si es permisible hacerlo antes de proceder.

La historia de la adivinación con Obi

Buscamos consejo de OBI por varias razones, incluyendo orientación para decisiones importantes en la vida, ayuda para resolver dilemas, obtener una visión sobre el presente y el futuro, conectar con ancestros y guías espirituales, y recibir sanación y orientación para uno mismo y los demás. La adivinación con OBI es una herramienta valiosa para quienes buscan dirección en su camino de vida. Ayuda a tomar decisiones sabias, superar desafíos y conectarse con nuestro ser espiritual.

Existen dos tipos de adivinación con Obi: Obi Abata y Obi Agbon. La principal diferencia radica en el tipo de nuez que se utiliza para la adivinación. El Obi Abata utiliza la nuez de cuatro lóbulos de la planta de Kola (Cola acuminata), mientras que el Obi Agbon utiliza el coco del árbol Cocos nucifera como sustituto. El Obi Abata se considera la forma más antigua de Obi y es más tradicional. Todavía se usa en África hoy en día. Durante el comercio atlántico de esclavos, los africanos aprendieron a sustituir la nuez de Kola por el coco, que era más accesible en el Nuevo Mundo. Fue entonces cuando Obi comenzó a asociarse con el coco del árbol Cocos nucifera. La adivinación con Obi Agbon es más fácil de aprender que el Obi Abata tradicional y es más prevalente y común hoy en día, especialmente en las Américas, el Caribe y entre tradiciones como la Santería y el Candomblé, ambas practicadas en Cuba y Brasil. El Obi Abata tradicional es a veces utilizado por diversas comunidades y practicantes en América del Norte, pero la nuez de Kola a menudo necesita ser importada de África.

La elección entre Obi Abata y Obi Agbon depende de la tradición y las prácticas locales, enfatizando el linaje y las tradiciones regionales dentro de la espiritualidad Orisha. Ambos, Obi Abata y Obi Agbon, son válidos y reflejan la diversidad de las prácticas espirituales Yoruba. Este capítulo se centrará en la adivinación con Obi Agbon porque es la forma más simple y fácil de aprender. El Obi Agbon forma cinco patrones principales: Alafia, Ejife, Etawa, Okanran y Oyeku. Estos cinco patrones se determinan según la forma en que los pedazos de coco caen al suelo cuando el adivino los sostiene en sus manos y los deja caer sobre una estera o el piso. Independientemente de cómo se dejen caer los cuatro pedazos de coco, solo pueden caer en cinco combinaciones. A veces es común usar cuatro conchas de caurí en lugar de cuatro pedazos de cáscara de coco. Discutiremos cómo interpretar tanto las conchas como los cocos en este capítulo.

En cada sistema de adivinación en la tradición Yoruba, los patrones formados durante la adivinación se denominan Odus. Nuevamente, los Odus de Obi son Alafia, Ejife, Etawa, Okanran y Oyeku. En Obi Abata, se utilizan estos mismos Odus, junto con varios adicionales. Discutiremos el Obi Abata más adelante en el próximo capítulo. Tanto en Obi Abata como en Obi Agbon, el adivino interpreta los patrones según su conocimiento de la tradición Yoruba y la situación de la persona. Cada patrón tiene un significado único, que el adivino utiliza para ofrecer orientación y apoyo. La adivinación con Obi es una herramienta poderosa para obtener una visión de la vida y el camino de uno. Esta tradición ha sido transmitida por generaciones.

* * *

ENTENDIENDO EL COCO

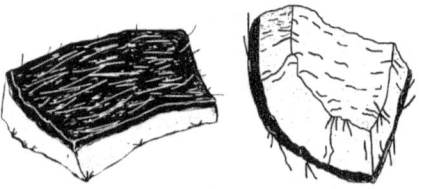

En la imagen de arriba, hay dos pedazos de cáscara de coco. En el lado izquierdo, el pedazo oscuro, comúnmente llamado cáscara de coco, está mirando hacia arriba, mientras que en el lado derecho, la parte blanca del coco, conocida como carne de coco, también está mirando hacia arriba. Alternativamente, el pedazo de la izquierda tiene la carne del coco mirando hacia abajo. En la adivinación Obi, un pedazo de coco con la carne mirando hacia abajo está en la posición "cerrada", lo que significa que este pedazo no está hablando. El pedazo de la derecha, con la carne mirando hacia arriba, está en la posición "abierta", lo que significa que está hablando. Podemos representar estos dos pedazos con las letras X y O, donde O simboliza el pedazo abierto y X simboliza el pedazo cerrado. Esto haría que el patrón sea XO.

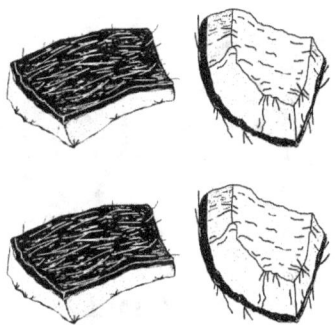

El patrón llamado Ejife está formado por cuatro pedazos de coco como se ve en la imagen de arriba: dos abiertos y dos cerrados. Usando X y O, donde X representa un pedazo cerrado y O representa un pedazo abierto, Ejife se representaría como "XX" a la izquierda y "OO" a la derecha, formando el patrón "XXOO". Ejife generalmente significa equilibrio en lo que sea que se haya preguntado durante la consulta de Obi. Significa que las energías en una situación están en equilibrio y no se necesitan más ofrendas o ebos. Ejife se considera uno de los resultados más positivos en una adivinación de Obi.

* * *

CÓMO ADIVINAR CON LAS CONCHAS DE CAURÍ

CERRADO/NO HABLAR

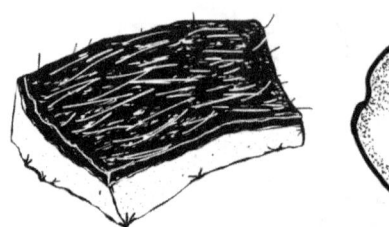

ABIERTO/ HABLAR

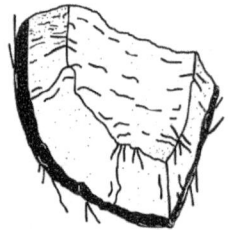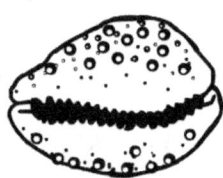

Como puedes ver en la imagen de arriba, la concha de caurí y el pedazo de coco en la parte superior están en posiciones cerradas, formando el patrón "XX". En la parte inferior, tanto la concha de caurí como el pedazo de coco están en posiciones abiertas, formando el patrón "OO". Toda la imagen forma el patrón Ejife, utilizando tanto conchas de caurí como pedazos de coco. Esto demuestra cómo puedes sustituir conchas de caurí por pedazos de coco y viceversa al realizar la adivinación.

LECTURA DE LOS PATRONES DE OBI

A continuación se presenta una lista y descripción de los patrones de Obi usando conchas de caurí para representar los patrones: **Ejife, Alafia, Etawa, Okanran** y **Oyeku.**

⁎⁎

EL PATRÓN EJIFE

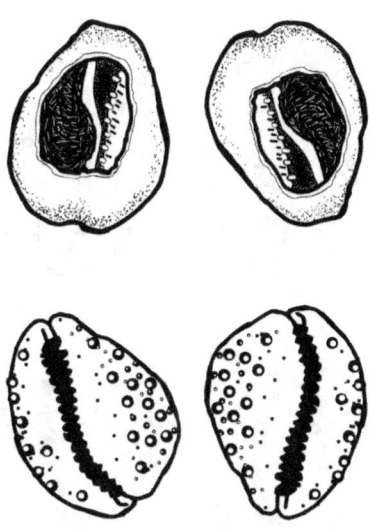

Ejife: La imagen de arriba muestra el patrón de Obi Odu de Ejife "OOXX." Hay dos conchas masculinas cerradas en la parte superior, orientadas hacia abajo, que no traen luz a la situación, y dos conchas femeninas abiertas en la parte inferior, orientadas hacia arriba, que traen luz.

INTERPRETACIONES DE EJIFE

Un equilibrio entre las fuerzas de la luz y la oscuridad o entre las bendiciones y los obstáculos en el camino, la importancia de tomar decisiones equilibradas, sopesando lo bueno y lo malo antes de avanzar. Al hacer preguntas de sí o no, Ejife a menudo significa "sí," pero se debe proceder con un juicio equilibrado. Este patrón indica que la vida no es directa y que habrá desafíos y bendiciones en nuestro camino. Este patrón también habla sobre la importancia de estar arraigado. Las bendiciones se ven como las conchas femeninas en la parte inferior, orientadas hacia arriba y abiertas. El Odu-Ejife suele verse como un signo de IRE y es más positivo que negativo. Los Orishas y divinidades asociados con este signo son los Ibejis, Oshun, Obatalá, Eshu/Eleguá, Yemayá, Oshunmare, Ochosi y Ori.

* * *

El Patrón Alafia

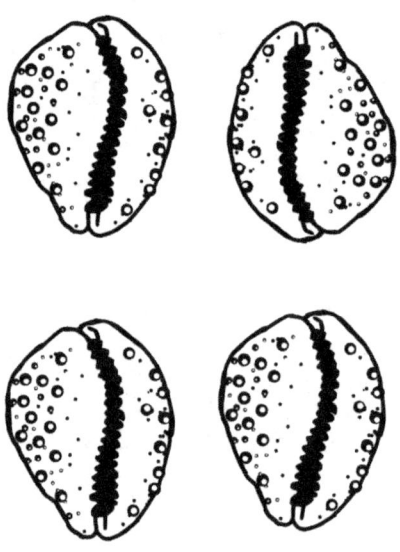

Alafia: La imagen de arriba muestra el patrón Alafia. Hay cuatro conchas femeninas, todas orientadas hacia arriba y abiertas, creando el patrón "OOOO".

INTERPRETACIONES DE ALAFIA

Cuando aparece este patrón, se cree que no es necesario volver a hacer la pregunta. Alafia a menudo significa un "sí" determinado. Este patrón irradia con luz pura y no hay oscuridad aquí. Este signo se interpreta a menudo como claridad en una situación, donde todas las energías fluyen positivamente en la dirección de IRE. Alafia es el signo más positivo en

Obi. Este signo se ve como un símbolo de paz y bendición y a veces es usado por los practicantes de Orisha como un saludo en lugar de decir "hola". El signo de Alafia viene en IRE. Una precaución con este signo es que esta energía puede ser abrumadora y puede presentarse de golpe. Asegúrate de mantener el equilibrio al avanzar. Los Orishas y divinidades asociados con este signo son Obatalá, Olodumare, Orunmila/IFA, Shango, Oshunmare y Ori.

* * *

El Patrón Etawa

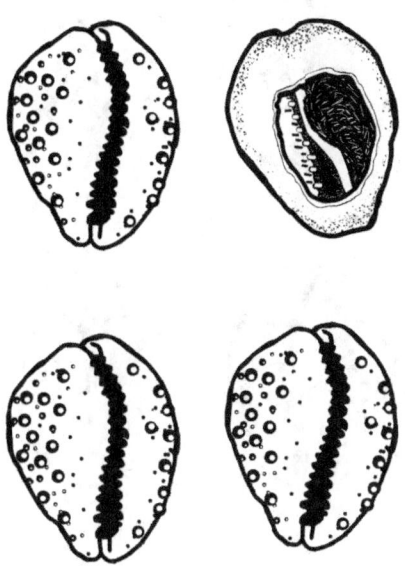

Etawa: La imagen de arriba muestra el patrón Etawa. Hay tres conchas abiertas y una cerrada, creando el patrón "OOOX".

INTERPRETACIONES DE ETAWA

Cuando se hace una pregunta de sí o no, Etawa se ve como un "quizás" o un "sí, pero falta algo y está ausente." La concha en la esquina derecha no está orientada en la misma dirección que las otras conchas y se considera cerrada. Este patrón de energía se ve como desequilibrado e incompleto. Hay más luz en esta situación que oscuridad, pero aún falta algo. Una pregunta que a menudo se hace después de esta combinación es sobre la necesidad de sacrificio. Me gusta decir que Etawa es un Alafia incompleto. Cuando aparece Etawa, este Odu todavía viene en IRE porque aún hay más luz que oscuridad. Los Orishas y otras divinidades asociadas con este signo incluyen Shango, Ogun, Eshu/Elegguá, y Yemayá.

* * *

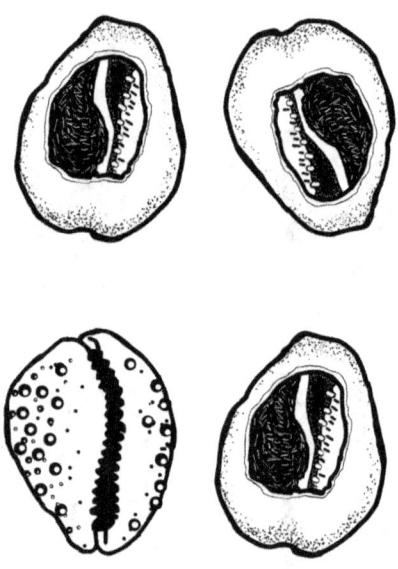

Okanran: La imagen de arriba muestra el patrón Okanran, creando el patrón: "OXXX".

INTERPRETACIONES DE OKANRAN

Este patrón de energía está compuesto por más oscuridad que luz. Este signo a menudo indica lo siguiente: dificultad, una lucha, mucha confusión en una situación, muchos bloqueos y obstáculos, luz limitada, incapacidad para ver muy lejos o avanzar. Cuando se hacen preguntas de sí o no, Okanran a menudo indica un "no." Este signo también puede interpretarse como algo que está drenando la energía o los recursos de una persona. A veces puede ser necesario buscar la ayuda de los Orishas o los ancestros para ser victorioso cuando aparece Okanran. Una pregunta que a menudo se hace después de esta combinación es sobre la necesidad de Ebo o sacrificios para convertir este signo en IRE. Cuando aparece Okanran, este Odu rara vez viene en IRE. Los Orishas y otras fuerzas espirituales asociadas con este Odu son Chango, Osain, Ogun y Babalu-Aye, Aganju.

✳ ✳ ✳

EL PATRÓN OYEKU.

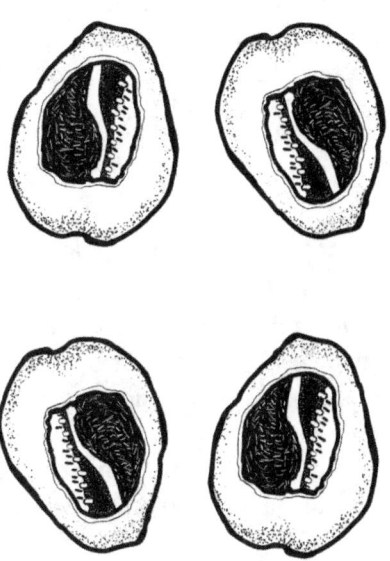

Oyeku: La imagen de arriba muestra el patrón Oyeku. En este patrón, todas las conchas están cerradas y orientadas hacia abajo, creando el patrón: "XXXX".

INTERPRETACIONES DE OYEKU

Cuando aparece este patrón, a menudo buscamos la asistencia de los espíritus para obtener ayuda y orientación. Esta matriz de energía indica una falta total y completa de luz y total oscuridad. Algunas interpretaciones pueden incluir oscuridad total y completa, que nada bueno puede venir de la oscuridad, energía negativa que rodea una situación donde no hay bendiciones, estar desalineado con el destino, la necesidad de una limpieza de Ori y posiblemente la necesidad de hacer Ebo, no poder encontrar o ver una salida. Cuando se hace una pregunta de sí o no y aparece Oyeku, a menudo interpretamos esta matriz de energía como un absoluto "no." Oyeku puede indicar que los muertos o los ancestros están tratando de ayudar a la persona a encontrar una salida de una situación. Otros significados incluyen un tiempo para la renovación, un momento para seguir una nueva dirección y un momento para desechar cosas y empezar de nuevo. Cuando alguien recibe este patrón, las siguientes preguntas suelen hacerse: ¿Están los ancestros pidiendo una ofrenda? ¿Necesita mi Ori ser alimentado o lavado? ¿Algún otro orisha necesita ser alimentado? Si la pregunta era sobre una circunstancia, al recibir este patrón, no se debe preguntar de nuevo. Los Orishas y otras fuerzas espirituales asociadas con este Odu son los Ancestros y los Muertos, Orisha Egungun, Oya, Babalu-Aye, Yewa, Olokun, Ogun e Iku.

* * *

CÓMO HACER PREGUNTAS

Cuando realizamos una adivinación y consultamos a los Orishas o cualquier otro espíritu, debemos prestar especial atención a cómo formulamos y hacemos las preguntas. A menudo, las respuestas dependen de cómo planteamos las preguntas. Por esta razón, es importante formular nuestras preguntas con cuidado antes de hacerlas. Aquí tienes algunos consejos para preguntar de manera correcta.

- **Evita Preguntas Vagueras:** En primer lugar, se debe evitar ser demasiado vago. Ser vago puede dar lugar a múltiples interpretaciones de la pregunta, y por esta razón, se deben evitar preguntas vagamente definidas. Evita preguntar con las palabras "podría" o "puede".
- **Sé Preciso:** ¿Por qué estás haciendo la pregunta? En lugar de preguntar "¿Debería aceptar ese nuevo trabajo o mudarme a esa nueva ciudad?", pregunta: "¿Está en mi más alto propósito y se alinea con mi destino aceptar este nuevo trabajo?"
- **Evita la Repetición:** Abstente de hacer la misma pregunta más de una vez, a menos que la pregunta esté mal formulada.

- **Evita el Engaño:** Si ya sabes algo que es verdadero, no hagas la pregunta. En esta situación, los Orishas o tu propio Ori podrían desorientarte intencionalmente, sabiendo que ya conoces la respuesta. Es mejor evitar hacer preguntas si ya conoces las respuestas.

* * *

Es importante respetar las respuestas dadas durante el lanzamiento cuando las preguntas se hacen correctamente. Sin embargo, puedes reformular y hacer la misma pregunta de manera diferente si la respuesta original fue vaga. Por ejemplo, "¿Debería mudarme a California?" es más vago que "¿Está en mi más alto propósito y alineado con mi destino mudarme a California?" Si la pregunta original carecía de un período de tiempo, puedes volver a preguntar con un período especificado. Por ejemplo, la pregunta "¿Está en mi más alto propósito y alineado con mi destino mudarme a California?" no tiene un período de tiempo. Podrías reformularla a "¿Está en mi más alto propósito y alineado con mi destino mudarme a California en este momento?" o "¿Está en mi más alto propósito y alineado con mi destino mudarme a California en los próximos seis meses?" En estos casos, es aceptable volver a preguntar. Sin embargo, si recibes un "No" a la pregunta, generalmente debes abstenerte de hacer la misma pregunta nuevamente hasta que haya pasado el período de tiempo especificado.

CUANDO SE NECESITA HACER MÁS DE UNA PREGUNTA

A veces puedes decidir preguntar una segunda vez. Si recibes Ejife, Alafia o Oyeku, a menudo no es necesario hacer la misma pregunta nuevamente. Sin embargo, si recibes Okanran o Etawa, puede ser necesario lanzar o preguntar nuevamente. A continuación, se presentan las combinaciones para volver a preguntar. Nota: Cuando se lanza un Alafia o un Ejife, ambos significan un "sí" y no es necesario lanzar de nuevo. Si también recibes un Oyeku, a menudo necesitamos preguntar si los ancestros necesitan algo o los Orishas, y a menudo también esperaremos unos días antes de hacer una pregunta similar usando Obi.

- **Okanran + Alafia:** Sí, pero ten cuidado de no ser abrumado cuando las bendiciones lleguen todas a la vez.
- **Okanran + Ejife:** Sí, se puede lograr el equilibrio; sin embargo, es importante trabajar duro para mantenerlo.
- **Okanran + Okanran:** Poco probable. Esta combinación indica un desequilibrio significativo, y sin un esfuerzo considerable, las probabilidades de lograr el equilibrio son mínimas.
- **Okanran + Etawa:** Quizás. Esta combinación sugiere que algo está faltando, aún está desequilibrado o un problema clave no está siendo considerado.
- **Okanran + Oyeku:** No. Es mejor considerar otras opciones, ya que esta combinación indica que la situación podría estar fuera de nuestras manos.
- **Etawa + Alafia:** Probable, pero ten cuidado de no ser abrumado cuando las bendiciones lleguen todas a la vez.
- **Etawa + Ejife:** Sí, por ahora. Sin embargo, es importante considerar algo que pudo haber sido pasado por alto para mantener este equilibrio.
- **Etawa + Okanran:** No. Existe un desequilibrio significativo, y sin un esfuerzo sustancial, lograr el equilibrio es poco probable.
- **Etawa + Etawa:** Quizás. Esta combinación indica que algo está faltando, aún está desequilibrado o un problema clave no está siendo considerado.
- **Etawa + Oyeku:** No. Esta combinación a menudo indica que lograr el equilibrio en la situación será muy difícil, incluso con trabajo duro.

Al hacer preguntas en la adivinación, es importante ser claro, conciso y respetuoso. Evita hacer preguntas vagas, repetitivas o engañosas. Si recibes una respuesta vaga, puedes reformular la pregunta y hacerla de nuevo. Sin embargo, si recibes un "No", es mejor abstenerse de hacer la misma pregunta nuevamente hasta que haya pasado el período de tiempo. También es importante llevar un registro de tus lecturas y preguntas en un cuaderno con las fechas, las respuestas y los Odus que recibiste, para que puedas seguir tu progreso, aprender de tus experiencias y llevar un registro de los clientes con los que has trabajado. Durante una sesión de adivinación, es importante hacer lo siguiente:

- Estar abierto a recibir respuestas inesperadas.
- Respetar las respuestas que recibes, incluso si no te gustan.
- Utilizar tu intuición para interpretar las respuestas que recibes.
- Confiar en que estás recibiendo la información que necesitas, incluso si no la entiendes completamente.

Recuerda, los Orishas y los espíritus son entidades propias, y a menudo dan respuestas inesperadas. Esto se debe a que tienen una perspectiva diferente sobre nuestras vidas que la que tenemos nosotros. Pueden ver cosas que nosotros no podemos, y pueden darnos respuestas que no queremos escuchar ni entender, por lo que es importante que el adivino esté debidamente informado, capacitado e iniciado antes de involucrarse en cualquier interacción con un espíritu, especialmente un espíritu o divinidad con el que no haya trabajado previamente.

* * *

CÓMO HACER TU PROPIO JUEGO DE OBI

Para la adivinación con Obi Agbon, tienes varias opciones para construir tu propio juego. Puedes usar 4 conchas de cauri, con o sin el reverso lijado, como se muestra en las fotos arriba. Alternativamente, puedes usar cuatro piezas de cáscara de coco que hayan sido lijadas y pulidas, o optar por un coco fresco. Si usas un coco fresco o nueces de kola frescas, no es necesario bendecir el Obi por separado, ya que su estado natural ya lleva la bendición.

PASO UNO
Adquiere al menos cuatro pequeñas cáscaras de coco que sean lo suficientemente pequeñas para sostener en una mano de un coco fresco. Límpialas completamente quitando la carne blanca y líjalas usando papel de lija o una lijadora. Nota: Es importante al romper el coco no golpearlo contra el suelo, ya que esto puede considerarse una falta de respeto hacia el Obi.

PASO DOS
Pinta el lado interior de las cáscaras con pintura blanca donde estaba originalmente la carne del coco.

PASO TRES

Pulsa tus cáscaras de Obi con un paño y algo de aceite de coco. Agregar una gota de aceite esencial de lavanda al aceite de coco ayuda a expulsar cualquier energía negativa. El aceite de coco también sirve para alimentar tus cáscaras de Obi y hacerlas resistentes al agua. Es una buena práctica frotar aceite de coco en tu Obi antes de cada uso.

PASO CUATRO

Luego, necesitarás algo de alcohol, preferiblemente ron o ginebra, y miel. La miel se usa para traer dulzura y bendiciones (Ire), contrarrestando cualquier aspecto negativo (Osogbo).

PASO CINCO

Mezcla un poco de miel con tus espíritus. Después de frotar el aceite de coco en tu Obi, toma una pequeña cantidad de esta mezcla en tu boca y sopla ligeramente sobre el Obi.

PASO SEIS

Enciende una vela para representar la luz y la claridad que buscas en tu vida. Si estás al aire libre durante el día, puedes omitir este paso. Es importante decir la oración de encendido de vela a continuación en este paso.

PASO SIETE

Prepara un vaso de agua para purificar el espacio antes de lanzar el Obi. Puedes usar un paño blanco, una alfombra de hierba o un pañuelo blanco como superficie para lanzar el Obi. El pañuelo también puede servir como un lugar de almacenamiento para tu Obi.

PASO OCHO

Recita las oraciones para asegurar que tu Obi esté listo para la adivinación.

* * *

ORACIONES PARA INVOCAR OBI

Cuando enciendas la vela en el paso 6, recita las siguientes oraciones:

Creador Divino de todas las cosas, venimos ante ti para honrar la llama sagrada que da luz y sabiduría. Reconocemos el poder y la belleza de esta llama, que ilumina nuestro camino y nos guía hacia la verdad. Te pedimos que bendigas esta llama con tu presencia y tu amor, y que nos ayudes a recibir su sabiduría y enseñanzas. Que esta llama nos inspire a buscar conocimiento y entendimiento, y que nos ayude a crecer en sabiduría y compasión. Que esta llama sagrada también nos proporcione la luz que necesitamos para navegar los desafíos y obstáculos de nuestras vidas. Que nos dé la claridad y el coraje para enfrentar nuestros miedos y superar nuestras limitaciones.

Ahora, recitaremos la oración de Omi Tutu
Primero, como se mencionó anteriormente: Obtén un pequeño cuenco de agua
Moja tu dedo en el agua y déjalo caer en el **SUELO**, luego recita los versos a continuación:

Omi Tutu, Omi Tutu: Agua fresca, y fresca
Omi Tutu, Omi Tutu: Agua fresca, y fresca
Omi Tutu, Omi Tutu: Agua fresca, y fresca

De nuevo, moja tu dedo en el agua y déjalo caer en el **SUELO**, luego recita el verso a continuación:

Omi Tutu: Agua fresca y fresca
Ile Tutu: Refresca la casa

De nuevo, moja tu dedo en el agua y déjalo caer en el **SUELO**, luego recita el verso a continuación:

Omi Tutu: Agua fresca, y fresca
Ona Tutu: Refresca mis caminos

De nuevo, moja tu dedo en el agua y déjalo caer en el **SUELO**, luego recita el verso a continuación:

Omi Tutu: Agua fresca y fresca
Egun Tutu: Refresca a los ancestros

De nuevo, moja tu dedo en el agua y déjalo caer en la parte superior de tu **CABEZA**, luego recita el verso a continuación:

Omi Tutu: Agua fresca y fresca
Ori Tutu: Refresca y enfría mi Ori

De nuevo, moja tu dedo en el agua y déjalo caer en el **SUELO**, luego recita el verso a continuación:

Tutu Eshu: Refresca a Eshu, el mensajero
Tutu Orishas: Refresca a los Orishas

De nuevo, moja tu dedo en el agua y déjalo caer en las piezas de OBI, luego recita el verso a continuación:

Tutu Obi: Refresca y enfría el Obi

De nuevo, moja tu dedo en el agua y déjalo caer en el **SUELO**, luego recita el verso a continuación:

Ibase Olodumare: Llamo y alabo al creador
ASE, ASE, ASE, Oh…
Ahora recitaremos la oración para Obi para invocar a Obi….

ORACIÓN DE OBI

Obi ni ibi Iku
Obi evita la muerte

Obi ni ibi Arun
Obi evita la enfermedad.

Obi ni ibi Ofo
Obi evita la pérdida

Levanta el Obi por encima de tu cabeza y di:
Que Obi me proteja de la pérdida repentina, el daño repentino, la muerte

repentina, la enfermedad repentina. Que Obi esté imbuido con el Ase de Olodumare para que pueda revelar las respuestas que busco con verdad y claridad.

Ibase Olodumare: Llamo y alabo al creador

ASE, ASE, ASE, Oh...

Sostén tu OBI en ambas manos, sopla sobre ellos con tu aliento, pregunta a OBI tu pregunta, y luego lanza el OBI.

Los adivinos a menudo lanzan el Obi en una superficie plana, cualquier superficie funcionará; sin embargo, para una práctica más tradicional, un Babalawo a menudo lanzará el Obi ya sea en una alfombra de hierba o en una bandeja de adivino llamada Opon IFA. También he visto Obi lanzado en paño blanco o cuero.

¿Cómo debo almacenar mi obi?

El Obi, siendo una herramienta sagrada, requiere un manejo respetuoso. Se recomienda mantener el Obi atado en un paño, bolsa o pequeño contenedor. Todas las herramientas de Obi deben almacenarse juntas en un lugar designado. Algunas personas prefieren almacenar el Obi cerca de los altares de Orisha, mientras que otras dedican su Obi a un Orisha específico. El Obi dedicado debe mantenerse cerca del Orisha o los altares de Ancestros a los que está dedicado, ya que se convierte en la posesión del Orisha o los ancestros y debe ser guardado cerca de ellos.

* * *

CAPÍTULO 19

DIVINACIÓN DE OBI ABATA

Los Fundamentos de Obi Abata

En el capítulo anterior, discutimos la adivinación con Obi usando el coco, conocido como Obi Agbon. En este capítulo, profundizaremos en el sistema de adivinación Obi Abata, que se dice tiene más de seis mil años de antigüedad. Obi Abata utiliza la nuez de cola para la adivinación en lugar del coco, pero funciona de muchas maneras similares. Los estudiosos creen que el uso del coco para Obi Agbon evolucionó por necesidad debido a la escasez de la nuez de cola en el Nuevo Mundo, particularmente en el Caribe y las Américas. Los esclavizados hicieron todo lo posible por preservar esta antigua forma de adivinación al sustituir el coco por la nuez de cola. Lamentablemente, al hacerlo, muchos de los tradicionales nueve patrones se perdieron y se simplificaron en los cinco patrones que discutimos en el capítulo anterior. Obi Abata utiliza la nuez de cola de cuatro lóbulos de la planta Cola acuminata. Aunque existen varias variedades de nueces de cola, solo la de cuatro lóbulos se usa para la adivinación. Las nueces de cola de tres, dos o un lóbulo no se utilizan para la adivinación, pero pueden servir como ofrendas y medicinas.

Consejo importante: No confunda la nuez de cola amarga (nombre científico: Garcinia kola) con la Cola acuminata. Aunque la nuez de cola amarga se ofrece a varios Orishas, no se utiliza en la adivinación Obi y no tiene cuatro segmentos.

LOS PASOS PARA USAR OBI ABATA

El primer paso es romper la nuez de cola en cuatro secciones o segmentos separados y luego repetir los pasos 6, 7 y 8, como se discutió en el capítulo anterior y a continuación:

PASO SEIS

Enciende una vela para representar la luz y claridad que buscas en tu vida. Si estás al aire libre durante el día, puedes omitir este paso. Sin embargo, es importante decir la oración de encendido de vela en este paso.

PASO SIETE

Prepara un vaso de agua para purificar el espacio antes de lanzar el Obi. Puedes usar un paño blanco, una alfombra de hierba o un pañuelo blanco como superficie para lanzar el Obi. El pañuelo también puede servir como lugar de almacenamiento para tu Obi.

PASO OCHO

Recita las oraciones para asegurar que tu Obi esté listo para la adivinación.

* * *

LAS ORACIONES PARA INVOCAR OBI

Al encender la vela en el paso 6, recita las siguientes oraciones:

Creador Divino de todas las cosas, venimos ante ti para honrar la llama sagrada que da luz y sabiduría. Reconocemos el poder y la belleza de esta llama, que ilumina nuestro camino y nos guía hacia la verdad. Te pedimos que bendigas esta llama con tu presencia y tu amor, y que nos ayudes a recibir su sabiduría y enseñanzas. Que esta llama nos inspire a buscar conocimiento y comprensión, y que nos ayude a crecer en sabiduría y compasión. Que esta llama sagrada también nos proporcione la luz que necesitamos para navegar por los desafíos y obstáculos de nuestras vidas. Que nos brinde claridad y coraje para enfrentar nuestros miedos y superar nuestras limitaciones.

LA ORACIÓN DE OMI TUTU

Ahora recitaremos la oración de Omi Tutu. Nota: Ten a mano un pequeño tazón de agua para esta oración.

Moja tu dedo en el agua y déjala caer sobre el **SUELO**, luego recita los versos a continuación:

Omi Tutu, Omi Tutu: Agua fresca y fresca
Omi Tutu, Omi Tutu: Agua fresca y fresca
Omi Tutu, Omi Tutu: Agua fresca y fresca

De nuevo, moja tu dedo en el agua y déjala caer sobre el **SUELO**, luego
recita el verso a continuación:

Omi Tutu: Agua fresca y fresca
Ile Tutu: Refresca la casa

De nuevo, moja tu dedo en el agua y déjala caer sobre el **SUELO**, luego
recita el verso a continuación:

Omi Tutu: Agua fresca y fresca
Ona Tutu: Refresca mis caminos

De nuevo, moja tu dedo en el agua y déjala caer sobre el **SUELO**, luego
recita el verso a continuación:

Omi Tutu: Agua fresca y fresca
Egun Tutu: Refresca a los ancestros

De nuevo, moja tu dedo en el agua y déjala caer sobre la parte superior de
tu **CABEZA,** luego recita el verso a continuación:

Omi Tutu: Agua fresca y fresca
Ori Tutu: Refresca y enfría mi Ori

De nuevo, moja tu dedo en el agua y déjala caer sobre el **SUELO**, luego
recita el verso a continuación:

Tutu Eshu: Refresca a Eshu, el mensajero
Tutu Orishas: Refresca a los Orishas

De nuevo, moja tu dedo en el agua y déjala caer sobre los trozos de **OBI,**
luego recita el verso a continuación:

Tutu Obi: Refresca y enfría el Obi

De nuevo, moja tu dedo en el agua y déjala caer sobre el **SUELO**, luego recita el verso a continuación:

Ibase Olodumare: Invoco y alabo al creador
ASE, ASE, ASE, Oh...

Ahora recitaremos la oración a Obi para invocar a Obi...

**

LA ORACIÓN DE OBI
Ahora, vamos a recitar la Oración de Obi...

Obi ni ibi Iku
Obi previene la muerte.

Obi ni ibi Arun
Obi previene la enfermedad.

Obi ni ibi Ofo
Obi previene la pérdida.

Levanta el Obi sobre tu cabeza y di:
Que Obi me proteja de pérdidas repentinas, daños repentinos, muerte repentina, enfermedad repentina. Que Obi esté impregnado con el Ase de Olodumare para que Obi pueda revelar las respuestas que busco en verdad y claridad.

Ibase Olodumare: Invoco y alabo al creador

ASE, ASE, ASE, Oh...
**

Sostén tu OBI con ambas manos, sopla sobre ellos con tu aliento, pregunta a OBI tu pregunta y luego lanza el OBI.

Ahora puedes comenzar a lanzar...

* * *

CÓMO LEER LOS PATRONES DE
OBI ABATA

Una vez que la nuez de kola se divide en cuatro lóbulos en el primer paso, como se discutió anteriormente, a menudo aparecerá como en las imágenes a continuación

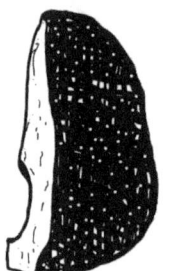  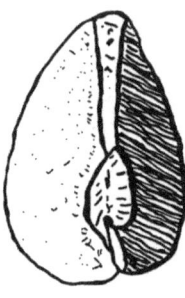 

Puedes ver en la imagen que hay cuatro secciones divididas, con dos secciones oscuras a la izquierda mirando hacia abajo y dos piezas a la derecha mirando hacia arriba. El nombre de este patrón es **Ejife** (por favor, lee el capítulo anterior sobre la interpretación de Ejife para obtener más información.

* * *

SEGMENTOS ABIERTOS /HABLANDO ABAJO

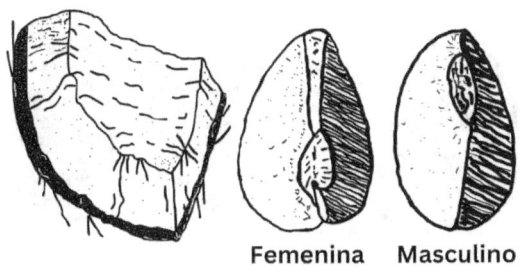

Femenina   Masculino

SEGMENTOS CERRADOS / NO HABLAR ABAJO

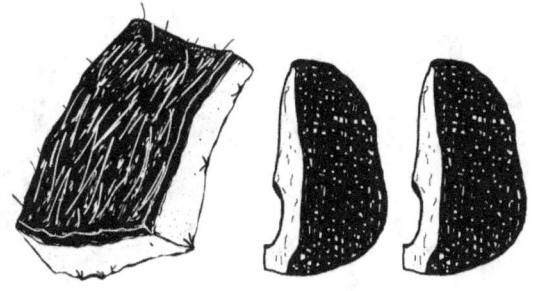

Arriba, puedes ver que los trozos de coco a la izquierda están orientados hacia arriba (abiertos) y hacia abajo (cerrados), como se discutió anteriormente. También puedes ver en el lado derecho de los trozos de coco los patrones abiertos y cerrados de la nuez de cola. Debajo, puedes ver esto también con la concha de caracol.

* * *

SEGMENTOS CERRADOS / NO HABLAR ABAJO

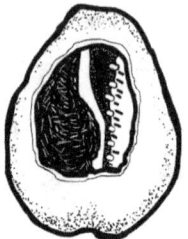  

SEGMENTOS ABIERTOS /HABLANDO ABAJO

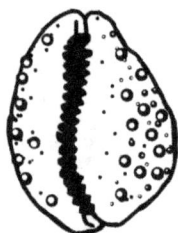 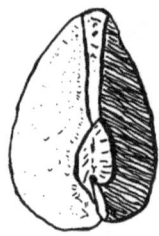 

Femenina **Masculino**

Obi Abata crea los mismos patrones que Obi Agbon, que describimos en el capítulo dieciocho: Alafia, Ejife, Etawa, Okanran y Oyeku. Sin embargo, Obi Abata distingue los patrones según las diferencias entre hombres y mujeres. Además, los patrones de Odu en Obi Abata tienen nombres diferentes. En total, Obi Abata hace nueve patrones diferentes que discutiremos a continuación.

* * *

Aquí hay otra imagen, como se muestra a continuación, para ayudarlo a reconocer también la diferencia entre un segmento de nuez de cola abierto y cerrado.

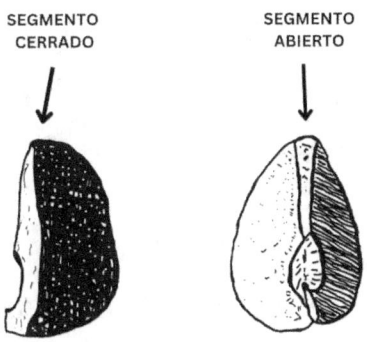

Una nuez de cola de cuatro lóbulos, cuando se separa en cuatro piezas, consta de 2 piezas masculinas y 2 femeninas. ¿Puedes descifrar las diferencias entre las piezas masculinas y femeninas en la foto?

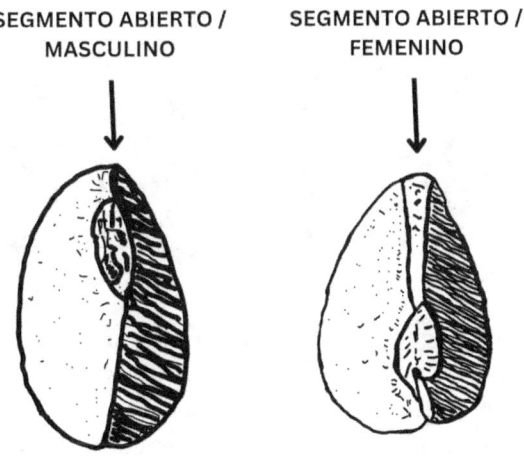

A continuación se muestra otra ilustración que muestra cómo distinguir entre los patrones masculinos y femeninos en las piezas de Obi. Nota: las combinaciones masculinas y femeninas se interpretan solo cuando los patrones están abiertos; cuando están cerrados, simplemente se interpretan como cerrados.

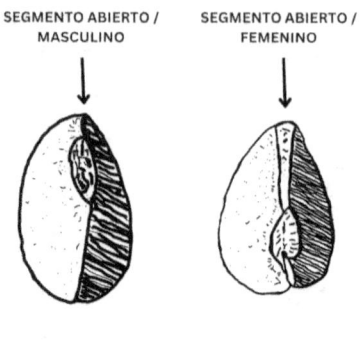

SEGMENTO ABIERTO /
MASCULINO

SEGMENTO ABIERTO /
FEMENINO

* * *

<u>LOS PATRONES DE OBI ABATA</u>

Ahora que esperamos poder distinguir entre las piezas de nuez de cola abiertas, cerradas, masculinas y femeninas, veremos los diversos patrones que se pueden hacer al lanzar Obi Abata, comenzando con Alafia-Ogbe.

El Patrón : Alafia-Ogbe

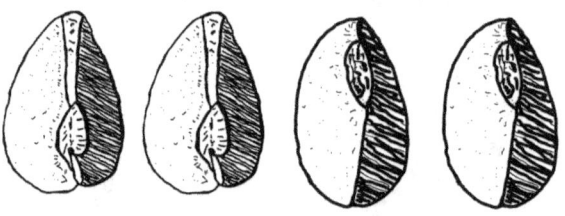

Alafia-Ogbe: Los cuatro segmentos de la nuez de kola están orientados hacia arriba. En esta imagen, puedes ver dos segmentos femeninos a la izquierda y dos segmentos masculinos a la derecha. La interpretación de Alafia-Ogbe es la misma que Alafia, que a menudo significa bendiciones y energía positiva fluyendo en una dirección creativa. Alafia está asociada con Ire. Los Orishas vinculados con Alafia-Ogbe son los mismos que los asociados con Alafia. Por favor, consulte la interpretación de Alafia en el Capítulo 18 para obtener más detalles.

* * *

El Patrón: Oyeku

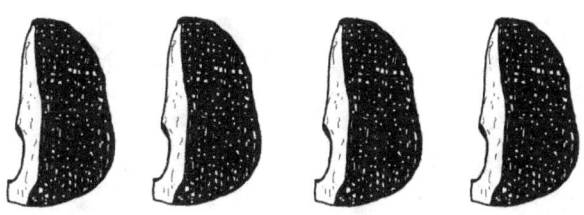

Oyeku: Los cuatro segmentos de la nuez de kola en este patrón están orientados hacia abajo y en posición cerrada. Oyeku a menudo se interpreta como confusión, la completa falta de luz en una situación y la necesidad de encontrar una dirección diferente. Consulte el capítulo 18 para obtener una interpretación más detallada. Oyeku viene en Osogbo.

* * *

El Patrón: Ejife-Ejire

Ejife-Ejire: el verdadero ejife es cuando tienes 1 segmento masculino abierto orientado hacia arriba y 1 segmento femenino abierto también orientado hacia arriba, y 2 segmentos en posición cerrada hacia abajo. Ejife viene en Ire. La interpretación de Ejife-ejire es la misma que Ejife. Ejife-ejire a menudo puede significar equilibrio armonioso. Donde existen tanto las energías masculinas como femeninas, a menudo crean armonía. Consulte el capítulo anterior para obtener una interpretación adicional bajo "Ejife.

* * *

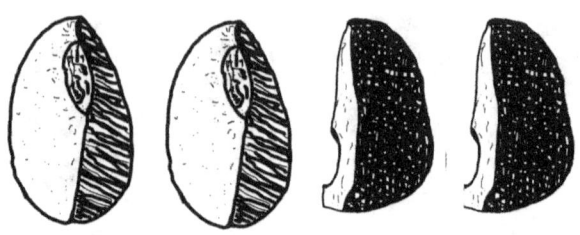

Ejife-Akoran: (masculino- ejife) es cuando tienes 2 segmentos masculinos abiertos a la izquierda orientados hacia arriba y 2 segmentos orientados hacia abajo en posición cerrada. Ejife viene en ire. Ejife-ako a menudo puede interpretarse como un equilibrio y un buen resultado, pero uno que requerirá competencia, motivación y fuerza para lograr. Es posible que uno necesite salir y buscar la oportunidad en lugar de esperar a que se presente.

* * *

El Patrón: Ejife-Ero

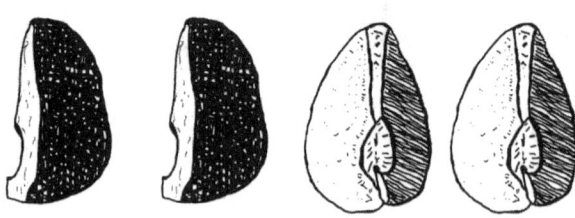

Ejife-Ero: (femenino - ejife) es cuando tienes 2 segmentos femeninos abiertos orientados hacia arriba y 2 segmentos orientados hacia abajo en posición cerrada. Este patrón viene en Ire. Ejife-ero a menudo puede interpretarse como un equilibrio y un buen resultado, pero uno que requerirá más cuidado, paciencia, guía y crecimiento interno, necesitando más cualidades femeninas para poder lograr un verdadero equilibrio y alcanzar una meta. Ejife-ero a menudo viene en ire.

* * *

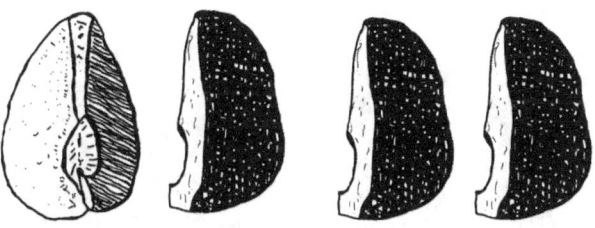

Okanran-Aje: es cuando tienes 1 segmento femenino abierto orientado hacia arriba y 3 segmentos orientados hacia abajo en posición cerrada. Okanran-aje a menudo se ve como poseedor de las cualidades femeninas de cuidado, paciencia, guía y crecimiento interno, pero carente de las cualidades masculinas que incluyen competencia, motivación y fuerza para lograr una meta. Okanran viene en Osogbo.

* * *

EL PATRÓN: OKANRAN-ILERA

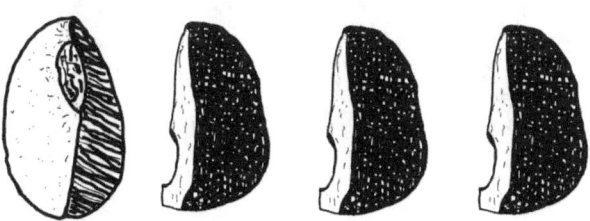

Okanran-Ilera: es cuando tienes 1 pieza masculina abierta orientada hacia arriba y 3 otras piezas en posición cerrada hacia abajo. Okanran viene en Osogbo. Okanran-Ilera a menudo se ve como poseedor de las cualidades masculinas de competencia, motivación y fuerza para lograr una meta, pero carente de las cualidades femeninas que incluyen cuidado, paciencia, guía y crecimiento interno. Okanran-ilera a menudo viene en Osogbo.

* * *

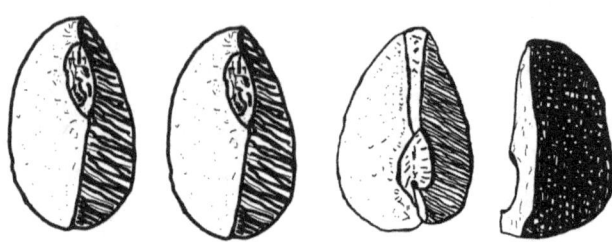

Etawa-Akita: es cuando tienes 2 piezas masculinas abiertas orientadas hacia arriba y 1 segmento femenino orientado hacia arriba, así como 1 otra pieza en posición cerrada hacia abajo. Etawa viene en Ire. Etawa-Akita aún se ve como un desequilibrio, sin embargo, algo todavía falta y es desconocido. Este Odu ofen viene en ire.

* * *

El Patrón: Etawa-obita

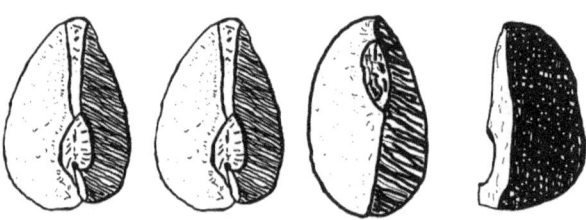

Etawa-obita: es cuando tienes 2 piezas femeninas abiertas hacia arriba y 1 pieza masculina hacia arriba, además de otra pieza en la posición cerrada hacia abajo. **Etawa** viene en Ire. **Etawa-obita** todavía se ve como un desequilibrio; sin embargo, algo sigue faltando y siendo desconocido.

* * *

CÓMO CONSTRUIR UN
JUEGO DE REPLICA DE OBI ABATA

En muchas partes del mundo, las nueces de kola tradicionales son difíciles de adquirir, por lo que algunos pueden considerar alternativas. En el capítulo anterior, explicamos cómo crear tu propio set de Obi lijando varios trozos de coco. Para esta actividad, seguirás los pasos 1 a 8 del capítulo anterior sobre cómo construir un set de Obi. Sin embargo, agregarás un paso adicional que consistirá en pintar o marcar los trozos con una X y una O. En el capítulo previo, discutimos la marcación de "X" y "O" para simbolizar si un segmento está abierto o cerrado. En esta actividad, usaremos "X" y "O" para representar masculino (X) y femenino (O). Marcarás los cuatro lados ABIERTOS de cada trozo de coco con una X y una O, haciendo un total de dos X y dos O. Esto te proporcionará todas las combinaciones del Obi Abata tradicional. Una vez completes las oraciones y los pasos del capítulo anterior, podrás usar esta herramienta para lanzar y leerla de la misma manera que lo harías con la nuez de kola tradicional Obi Abata.

* * *

CAPÍTULO 20
OSAIN Y EL USO DE LAS PLANTAS

EL PUEBLO YORUBA tiene una rica tradición de sanación mediante el uso de plantas; la sanación es un componente significativo de la espiritualidad Yoruba. Las plantas se utilizan para diversos fines, incluyendo protección, promoción de la salud y como ofrendas a los Orishas y ancestros. También son cruciales y necesarias en cada aspecto de la espiritualidad y práctica Yoruba, desde su uso en rituales, iniciaciones y adivinación, hasta la creación de amuletos y la carga de objetos sagrados, por mencionar solo algunos.

Los Yoruba creen que cada planta posee un tipo particular de Ase (poder) que se manifiesta dentro de la planta como una matriz energética única para el propósito natural de existencia y destino de la planta. Esta matriz energética se alinea con el patrón de Odu bajo el cual la planta nació. Todas las plantas en la Tierra están asociadas con un Odu particular y, a menudo, este patrón es visible en la apariencia de la planta misma. Se dice que este patrón de Odu que se puede ver en la forma que toma la planta es la matriz energética dentro de ella. La matriz energética del Ase también determina la forma que toma la planta y las propiedades curativas o mágicas que posee, no al revés. Descubrir las propiedades espirituales curativas naturales de las plantas a menudo implica comunicación con los Orishas y adivinación. Cada planta también está frecuentemente asociada con un Orisha específico.

En la medicina tradicional Yoruba, se recita un encantamiento sobre la hierba o "ewe" para activar las propiedades curativas de la planta y liberar su "Ase", que se cree está dormido dentro de la planta hasta que se activa. Esto se hace no solo recitando un encantamiento, sino también triturando la planta y rompiéndola en partes. En Yoruba, llamamos a la medicina con el término "ewe", que en inglés se traduce como "hojas o hierbas". Una de las deidades más importantes en la espiritualidad Yoruba en lo que respecta a las hierbas o hojas, "ewe", es el Orisha Osain, quien es visto como un sanador divino, botánico y herbalista. Se dice que Osain gobierna toda la vida vegetal y la vegetación. Los practicantes de Orisha creen que él conoce las curas para todas las enfermedades y los usos secretos de cada planta. También se rumorea que Osain fue creado a partir del Ase que se manifestó a través de la unión del agua y la tierra durante la creación del mundo. Tanto Osain como Orunmila a menudo son invocados por los sacerdotes cuando trabajan con hierbas y medicinas sagradas.

* * *

Es importante señalar que antes de manipular plantas desconocidas, identifícalas con un botánico, usa guantes y lávate las manos después. Este libro se centra exclusivamente en la espiritualidad Yoruba y no ofrece asesoramiento médico. Ejercita precaución antes de probar o tocar plantas desconocidas, asegurando una identificación adecuada para evitar daños. Consulta cualquier remedio herbal con un proveedor médico para prevenir reacciones alérgicas u otras complicaciones.

* * *

En la medicina tradicional Yoruba, el término Olóògùn se refiere a un herbalista espiritual que posee una autoridad sacerdotal única, a menudo reconocido como estando bajo el Orisha Osain. A veces, los Olóògùns también son Babalawos o Babalorishas si han sido iniciados en los misterios de Osain.

El viaje hacia la sanación a menudo comienza con una consulta de adivinación dirigida por un Babalorisha o Babalawo. Este ritual tiene precedencia antes de considerar remedios herbales. Para los Yoruba, la adivinación, junto con la realización de Ebo (sacrificios prescritos), se considera no solo una recomendación, sino un proceso de sanación transformador, siempre y cuando los Ebos se realicen diligentemente. Se pueden sugerir una variedad rica de soluciones curativas, que van desde Ebos y adimus hasta oraciones diarias e encantamientos. También se incluye el Omiero, que es una mezcla de hierbas y agua adecuada para la limpieza del cuerpo o para añadir a un baño. Además, se puede prescribir un jabón personalizado llamado "Akose", hecho específicamente para el cliente, elaborado a partir de una mezcla de hierbas, aceites y elementos naturales adaptados a las necesidades específicas del individuo, basándose en lo que surgió y cuáles son las necesidades del cliente durante la lectura de adivinación. Los Yoruba creen que limpiar el cuerpo con hierbas específicas contribuye a la sanación y elimina la energía negativa de la esencia espiritual del individuo. Además, creen en los efectos nutritivos y potenciadores de estos remedios naturales en el Ori de una persona, mejorando su vitalidad espiritual y trayendo Ase, o fuerza vital, al individuo. Según la filosofía de sanación Yoruba, las enfermedades físicas se cree que surgen del descuido del yo espiritual, a menudo derivado de un desequilibrio o agotamiento de la fuerza vital y del "Ase" del individuo.

CLASIFICACIÓN DE PLANTAS Y HIERBAS

Clasificar plantas y hierbas por clima natural y elementos puede ser útil al identificarlas para sus usos espirituales. Las hierbas pueden clasificarse por el tipo de energía que poseen y el Odu asociado con ellas. Tengo la intención de mostrarte una herramienta muy útil para clasificar plantas. En la imagen a continuación tienes lo que se conoce como las cinco potencias: Cálido, Húmedo, Seco, Neutral y Frío.

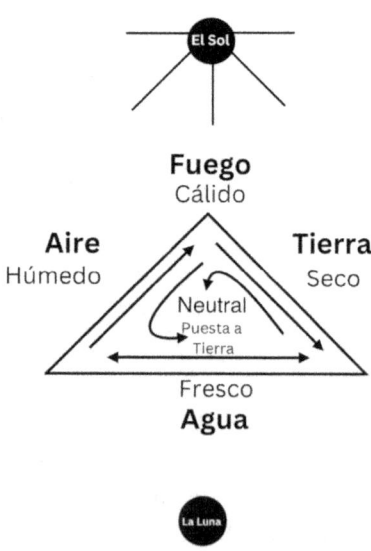

Las plantas cálidas a menudo se clasifican según el calor o picante que producen, ya sea en aroma o sabor. La sequedad se categoriza por la madera y la falta de humedad en la planta. La humedad se asocia a menudo con plantas o hierbas que tienen más contenido de agua y son más húmedas. La frescura se asocia a plantas o hierbas que son frescas en su aroma o sabor, como la familia de la menta o muchas frutas y verduras que son refrescantes, como la familia del pepino. Las hierbas y plantas neutras suelen estar igualmente mezcladas entre Cálido, Fresco, Húmedo y Seco y no se pueden categorizar específicamente bajo estas categorías.

Las cinco potencias clasifican las plantas por varias variaciones naturales del clima que ocurren en la naturaleza. Probablemente no se ingiera una hierba cálida y seca como la canela en un día caluroso, sino que se buscará una hierba fresca y húmeda como un limón, una naranja o un pepino para ayudar a eliminar el calor del cuerpo. Lo mismo puede decirse en un frío y húmedo día de invierno, cuando tal vez el té de jengibre caliente o canela sea lo más refrescante. Se cree que equilibrar la humedad y el calor, así como la frescura en el cuerpo, puede ayudar a reequilibrar las energías espirituales de la persona. A menudo se dice que cuando alguien tiene demasiado calor, necesita más frescura. Aquí hay algunos ejemplos de plantas y hierbas clasificadas según las cinco potencias:

- *Plantas Calientes y Secas: Canela, Clavo, Pimienta Negra y Roja, Semilla de Mostaza.*
- *Plantas Frescas y Húmedas: Menta, Pepino, Cilantro, Albahaca, Salvia.*
- *Plantas Neutras y Húmedas: Perejil, Eneldo.*
- *Plantas Frescas y Secas: Romero, Tomillo.*

A menudo, las hierbas secas y cálidas tienden a estar más regidas por la energía del sol, mientras que las hierbas húmedas y frescas tienden a estar regidas más por la energía de la luna y el agua.

PREPARACIÓN DE BAÑOS ESPIRITUALES

Crear un baño espiritual implica combinar hierbas, velas, plantas y otros elementos. Los practicantes de Orisha utilizan este ritual para promover la curación, absorber energías de diferentes Orishas para mejorar la salud y el bienestar, o para invitar bendiciones. A menudo añado varios cristales a mis baños espirituales; mi favorito es agregar algunas piedras de río que obtuve en una caminata si estoy preparando un baño en honor a la Orisha Oshun o añadir algunas conchas y sal marina para replicar el océano en honor a Yemayá. Sin embargo, te sugiero que primero te asegures de que las piedras o cristales estén limpios y sean seguros para agregar al agua, así como asegurarte de que el cristal o piedra se pueda poner en agua sin destruirse. Aquí hay algunos baños espirituales que puedes probar:

Baño Espiritual de Tranquilidad de Obatalá

Obatalá: Portador de paz, tranquilidad, calma, gobierna estas energías. Las hierbas asociadas con Obatalá son algodón, mirra, incienso, albahaca, rosas blancas, menta, menta verde, lavanda, hinojo.

Propósito: Honrar a Obatalá y ayudar a traer paz, tranquilidad, calma. Este baño incluye lo siguiente:

- *Un cristal de cuarzo o un pedazo de plata.*
- *Pétalos de flores blancas.*
- *Algunas de las hierbas mencionadas arriba.*
- *Un chorrito de leche de coco, leche normal o agua de arroz.*
- *Un poco de polvo de cáscara de huevo.*
- *Ofrecimiento a Obatalá: Una vela blanca.*

Importante: Evita agregar sales o alcohol a este baño debido a la naturaleza y tabúes de Obatalá. Recomiendo preparar un Omiero en lugar de agregar directamente todas estas hierbas e ingredientes a tu baño. Puedes preparar un Omiero hirviendo una mezcla de hierbas e ingredientes en una tetera. Cuela la mezcla hervida y usa el agua para el baño. Después, también recomiendo dedicar una pequeña vela blanca a Obatalá como ofrenda y pedir a Obatalá que traiga tranquilidad, paz y calma a tu vida. Puede que quieras embotellar el Omiero y colocarlo junto a la vela pequeña durante unos días, encendiendo la vela cada vez y pidiendo a Obatalá que traiga tranquilidad, paz, curación y calma. Puedes usar algo del Omiero herbal para tu baño mientras guardas el resto para futuros baños si lo prefieres.

También, este proceso puede repetirse para cualquiera de los Orishas y baños espirituales a continuación.

* * *

Baño Nutritivo de Yemayá

Yemayá: Portadora de energía nutritiva, conexión con la luna, amor propio, curación emocional y nutrición. Las hierbas asociadas con Yemayá son alga marina, kelp, hierba de limón, espuma del océano, conchas, lechuga. Agua salada. **Propósito:** Honrar a Yemayá y ayudar a traer amor propio, curación emocional, conexión con la luna y las mareas y nutrición propia así como equilibrio a tu yo interior/agua interna. Este baño incluye lo siguiente:

- *Varios caracoles marinos.*
- *4 cucharadas de sal marina o sal mineral.*
- *Algunas de las hierbas mencionadas arriba.*
- *Un chorrito de polvo de cáscara de huevo.*
- *2 cucharadas de azúcar moreno.*
- *1 cucharadita de jugo de limón o un limón cortado.*
- *Kelp marino o lechuga.*
- *Ofrecimiento a Yemayá: una vela azul pequeña.*

* * *

Baño de Belleza de Oshun

Oshun: Portadora de belleza, amor, sensualidad y fertilidad. Las hierbas asociadas con Oshun son calabaza, manzanilla, miel, naranja, melones, canela, diente de león, girasoles, plátanos, papaya. **Propósito:** Honrar a Oshun y ayudar a traer belleza, amor, sensualidad y fertilidad. Este baño incluye lo siguiente:

- *Una piedra de río (guarda la piedra de río para futuros baños).*
- *1 cucharadita de canela o 2 ramas de canela.*
- *Varias cucharadas de miel (opcional) o azúcar para traer dulzura a tu vida.*
- *Rodajas de naranja/grapefruit.*
- *Pétalos de flores amarillas o naranjas.*
- *Pétalos de rosa roja.*
- *Hojas de eucalipto o salvia.*

- *Pasas secas.*
- *Ofrecimiento a Oshun: una vela amarilla pequeña.*
- *Agua de río (opcional, asegúrate de que esté hervida y no contenga parásitos microscópicos o contaminantes peligrosos. También puedes usar agua de manantial embotellada).*

Nota: no agregue sal a este baño. Oshun es la madre de todos los cuerpos de agua no salados.

* * *

Baño Energético de Ogun

Ogun: Portador de motivación, resistencia, pasión, perseverancia, fuerza. Algunas hierbas asociadas con Ogun son planta serpiente, eucalipto, jengibre, clavo, pimienta negra, hierro, ñames, ron. **Propósito:** Honrar a Ogun y ayudar a traer motivación, resistencia, pasión y fuerza. Este baño incluye lo siguiente:

- *Ginebra o ron.*
- *Menta fresca o salvia.*
- *Un pequeño guijarro o piedra encontrada cerca de las vías del tren.*
- *Eucalipto o jengibre.*
- *Ofrecimiento a Ogun: una vela verde pequeña.*

* * *

Baño de Protección de Shango

Shango: Portador de energía masculina, equilibrio, fuerza, autoestima. Algunas hierbas asociadas con Shango incluyen mango, árbol de roble, pimienta de cayena, salvia, okra, plátanos. **Propósito:** Honrar a Shango y ayudar a traer protección, fuerza, equilibrio y autoestima. Este baño incluye lo siguiente:

- *Algunas de las hierbas mencionadas arriba.*
- *Ron o ginebra.*
- *1 cucharadita de aceite de coco.*
- *2 cucharadas de azúcar.*

- *Ofrecimiento a Shango después del baño para traer bendiciones: una vela roja o blanca pequeña.*

* * *

BAÑO ESPIRITUAL DE ORUNMILA

Orunmila: portador de sabiduría e intuición, auto-conciencia y auto-reflexión sobre la propia vida, capacidad para ver el futuro y habilidades psíquicas. Algunas hierbas asociadas con Orunmila incluyen coco, hojas de palma, almendras de palma, hibisco rojo, salvia y albahaca.

Un poco de creatividad (puedes agregar tu propia creatividad a este baño y dejar que tu Ori te guíe. Puedes añadir o quitar ingredientes de esta lista. Todos estos ingredientes son opcionales):

- *Hojas de salvia*
- *Agua de coco*
- *Hojas de albahaca*
- *Hojas de menta*
- *Ron o ginebra*
- *Una pequeña cantidad de manteca de karité o aceite de palma*
- *Ofrenda después para traer bendiciones: una vela pequeña verde o amarilla.*

* * *

BAÑO ESPIRITUAL DE CAMINOS ABIERTOS

Elegua: portador de energía juvenil, energía juguetona, vitalidad y la capacidad de no tomar las cosas demasiado en serio. Las hierbas asociadas con Elegua incluyen tabaco, regaliz, ron, plátano, romero, banana, pasto bermuda, lavanda, pimienta guinea, palomitas de maíz, guayaba, anís, bálsamo de limón y café, entre otros. Un poco de creatividad (puedes añadir tu propia creatividad a este baño y dejar que tu Ori te guíe. Puedes agregar o quitar ingredientes de esta lista. Todos los ingredientes son opcionales):

- *Ron o ginebra*
- *Lavanda, eucalipto o salvia*

197

- *1 cucharadita de manteca de karité o aceite de coco*
- *Miel o azúcar • Hojas de romero*
- *2 cucharaditas de granos de café molido*
- *Ofrenda después: una vela pequeña negra o roja.*

* * *

Incienso de Ofrenda para Elegua/Eshu

Este incienso se puede utilizar para quemar en los cruces de caminos o cerca de la entrada de tu hogar como una ofrenda a Elegua/Eshu. También puedes ofrecerle a Eshu una taza de café negro y colocarla junto a la puerta.

Ingredientes incluyen: Un quemador de incienso, un trozo de carbón para quemar incienso, un mortero y mano de mortero para triturar los ingredientes.

El incienso incluye: Tabaco (opcional y no requerido), mirra, clavo, sándalo (opcional), pimienta negra o roja, miel.

* * *

Receta de Incienso para Ahumar y Limpiar Energías Negativas

Ingredientes: 1 parte de canela, 1 parte de salvia, 1 parte de menta, 1 cuenco resistente al fuego para quemar. **Instrucciones:** 1. Mezcla partes iguales de canela, salvia y menta. 2. Coloca la mezcla en un cuenco resistente al fuego. 3. Enciende la mezcla y permite que se queme lentamente, creando humo. 4. Usa el humo para ahumar y limpiar las energías negativas de tu espacio.

* * *

Baño Espiritual de Oya

Oya: portadora de determinación para realizar los cambios necesarios, capacidad para comunicarse con los muertos y los ancestros, traedora de habilidades clarividentes y comunicación con el mundo espiritual. Las hierbas asociadas con Oya incluyen berenjena, artemisa, planta serpiente, papaya, lima, sándalo, nuez moscada, clavo, ciruelas y pasas. Un poco de creatividad (puedes añadir tu propia creatividad a este baño y dejar que tu Ori te guíe. Puedes agregar o quitar ingredientes de esta lista. Todos los ingredientes son opcionales):

- *Vino tinto*
- *Pasas secas*
- *Jugo de lima o limón*
- *Cristal de amatista (ayuda a cambiar la energía vibracional del agua)*
- *Pétalos de rosa roja*
- *Ofrenda a Oya después: una vela pequeña morada o algo de incienso.*

* * *

Incienso de Ofrenda para Oya

Ingredientes incluyen: un quemador de incienso, un trozo de carbón para quemar incienso, un mortero y mano de mortero para triturar los ingredientes.

El incienso incluye:

- *1 parte de incienso,*
- *1 parte de mirra,*
- *1 parte de sándalo*
- *(opcional), unas gotas de miel*
- *(opcional), añade algunas pasas secas.*

A menudo utilizo esta receta de incienso simple como ofrenda tanto para los ancestros como para la Orisha Oya.

* * *

Baño Espiritual de Limpieza del Ori

Propósito: limpiar y despejar, fortalecer y alimentar el Ori

Ingredientes incluyen:

- *Pétalos de flores blancas*
- *Cristal de cuarzo*
- *Agua de coco*
- *Miel*
- *Manteca de karité*
- *Un puñado de avena seca*
- *Un poco de creatividad (puedes añadir tu propia creatividad a este baño y dejar que tu Ori te guíe)*
- *No es necesario encender una vela para este baño. El baño se considera una ofrenda a tu Ori por sí mismo.*

UNA LISTA DE ARTÍCULOS COMUNES USADOS PARA LIMPIEZAS ESPIRITUALES

- **Agua de Florida:** Colonia para atraer energía positiva. Mezcla agua y unas gotas de Agua de Florida en una botella con atomizador para limpiar tu hogar o espacio.
- **Jabón Negro Africano:** Elimina impurezas negativas y ayuda a reponer el ori.
- **Efun:** Polvo blanco hecho de cáscara de huevo. Usado para purificar o limpiar. Puede añadirse a un baño o espolvorearse alrededor del hogar para eliminar la energía negativa.
- **Un Huevo:** Utilizado por practicantes de Orisha para lavar el cuerpo, frotando el huevo sobre varias partes. Se descarta después. Si se rompe, puede ser por una energía fuerte; limpia el huevo roto, deséchalo y repite con otro huevo.
- **Manteca de Karité:** Usada en ceremonias y limpiezas dentro de la tradición de Orisha. Ofrecida a Ori, Obatala y Orunmila.
- **Leche de Coco:** Ofrenda para varios Orishas y para Ori.
- **Agua de Lluvia:** Mejora la comunicación con Oya y los ancestros, agudiza habilidades psíquicas e intuición.

* * *

PLANTAS COMUNES ASOCIADAS CON LOS ORISHAS

- **Ogun:** Albahaca, Planta serpiente, Aguacate, Siempre Viva (ewe dundun).
- **Ochosi:** Albahaca, Tabaco, Alacrancillo.
- **Babaluaye:** Salvia (Salvia salvia), Romero.
- **Shango:** Hojas de plátano, Palma enana, Árbol de Kapok (Ceiba pentandra), Okra, Ficus religiosa. Muchas tienen hojas puntiagudas similares a un Edun Ara, llamado piedra de trueno.
- **Eshu:** Caña de azúcar, Guayaba, Raíz de regaliz, Sangre de dragón, Copal, Anís, Ruda.
- **Obatala:** Lirio blanco, Salvia, Menta, Algodón, Arroz, Trébol.
- **Oya:** Artemisa, Geranio, Ciruela, Hojas de ciruela, Alcanfor, Hibisco, Sándalo, Nuez moscada, Clavo, Codiaeum variegatum. Su sonajero sagrado puede ser hecho con vainas de semillas de Delonix regia. Plantas con hojas multicolores a menudo pertenecen a Oya.
- **Yemoja:** Hierba limón, Aloe vera, Lechuga, Algas marinas, Zebrina pendula, Cucaracha.
- **Oshun:** Girasoles, Rosales, Caléndula, Canela, Papaya, Mirra.
- **Orunmila:** Coco, Caléndula, Trébol, Salvia.

* * *

RUDA (RUTA GRAVEOLENS)

Usos: La ruda se utiliza a menudo en infusiones herbales para limpiar y purificar objetos, espacios y personas. Muele hojas frescas de ruda, salvia y lavanda en agua fría para hacer un Omiero. Usa las ramas de la planta de ruda, mójalas con el agua y rocía el agua en las cuatro esquinas de una habitación para purificarla y limpiarla. También puedes rociar el agua sobre ti mismo u otros para lavar la mala energía espiritual.

MENTA (MENTHA PIPERITA)

Usos: Muele hojas frescas de menta para hacer un omiero. Puedes lavarte con él para enfriar tu Ori. Las hojas frescas de esta hierba también son buenas para dejar sobre la parte superior de tus orishas para enfriar el calor. Al hacer adivinación, el omiero hecho de hoja de menta y agua puede ser rociado alrededor de la habitación o en la cabeza del cliente y del adivino para enfriar la intensidad.

Siguaraya (Trichilia havanensis): *Comúnmente utilizado para protección, se cree que esta planta contiene los poderes de los siete orishas mayores, incluyendo Yemaya, Eleggua, Oshun, Obatala, Orunmila, Ogun y Shango en Cuba. Las hojas se utilizan a menudo para limpieza y para buscar protección. Se cree que los Orishas residen en este árbol, y protegerá al cuidador. Cortar este árbol está prohibido y, si alguna vez te encuentras con este árbol, es recomendable dejar una pequeña ofrenda debajo y pedir una bendición a uno de los siete Orishas.*

En conclusión, los Yoruba tienen una rica y antigua tradición de sanación herbal y medicina tradicional que es un aspecto importante de su espiritualidad. Su rica herencia continúa ayudándonos y guiándonos hoy en día.

* * *

CAPÍTULO 21
ENCONTRAR UNA COMUNIDAD ESPIRITUAL

Felicitaciones por llegar al capítulo final de su viaje! Ahora que ha completado todos los capítulos de este libro, debería tener una base sólida en la tradición y espiritualidad yoruba. Espero que hayas disfrutado este libro tanto como yo disfruté escribiéndolo. Le deseo lo mejor en su viaje espiritual y espero que este libro sirva como un recurso valioso para usted y para aquellos con quienes lo comparte. Encontrar una comunidad de apoyo puede requerir paciencia. No todo el mundo tiene intenciones genuinas, por lo que es fundamental tener cuidado en la búsqueda. Como dice el refrán, "no todo lo que brilla es oro", especialmente en entornos en línea donde la autenticidad puede ser difícil de discernir.

Cuando busque mentores y grupos en línea, priorice siempre su intuición y siga estas pautas para un viaje exitoso:

1. *En primer lugar, confíe en usted mismo y en sus instintos: si algo no le parece bien, está bien alejarse, incluso mostrando respeto a los mayores.*
2. *Busque una comunidad que comparta sus valores y ofrezca apoyo sincero: esta búsqueda puede llevar tiempo pero es vital para su crecimiento espiritual.*
3. *La espiritualidad de los Orisha nunca debe infundir miedo: manténgase alejado de cualquiera que utilice tácticas de miedo, en particular aquellos que exigen un pago para disipar maldiciones. Los profesionales legítimos son transparentes sobre los costos y mantienen estándares éticos.*
4. *El aprendizaje es un proceso continuo en esta tradición: expanda continuamente su conocimiento a través del estudio para profundizar su crecimiento espiritual y tomar decisiones bien informadas sobre su camino.*

5. *Respetar los rituales, ceremonias y prácticas transmitidas de generación en generación, protegiéndose contra la apropiación y explotación cultural siempre que sea posible: es importante interactuar cara a cara con las comunidades y los practicantes locales para lograr interacciones confiables y significativas; esta es la forma más efectiva de puede desarrollarse espiritualmente. La espiritualidad de los Orisha no es una práctica solitaria.*

6. *Recuerde, la práctica constante, incluso en pequeñas cantidades, es más beneficiosa que las sesiones largas y poco frecuentes, ya que ayuda a mantener una conexión espiritual continua.*

¡Felicitaciones una vez más por alcanzar este hito! A lo largo de su viaje, ha cultivado un profundo respeto por los rituales y ceremonias centrales de las prácticas de Ifá y Orisha. A medida que avanzas, abraza la emoción del descubrimiento y la realización del despertar espiritual. Tu viaje es único y personal; que te lleve a conocimientos profundos, a un gozo ilimitado y a una conexión más profunda con lo divino.

* * *

Que Olodumare continúe bendiciéndote, brindándote apoyo y guiándote en tu viaje.

EL FIN!

* * *

GLOSARIO

A

- **Abiku:** Un espíritu que nace repetidamente en el mundo humano pero que no desea vivir una vida humana plena y, por lo general, muere en la niñez. (Capítulo 4).
- **Adimú:** Ofrenda de comida hecha a los Orishas o ancestros. (Capítulo 16).
- **Aganju**: El Orisha de la naturaleza salvaje y los terrenos difíciles. Además, un rey histórico del imperio Oyo. (Capítulo 3).
- **Agbón**: Coco. (Capítulo 18).
- **Aje**: El Orisha y espíritu del dinero, la riqueza y la prosperidad. (capítulo 3)
- **Ajogun**: Entidades demoníacas y destructivas que traen caos y discordia. Se alimentan de la energía que permanece alrededor de una persona que ha cometido actos negativos y tiene mal carácter.
- **Akose:** una combinación de materiales, a menudo hierbas y otros elementos naturales, que contienen Ase y se utilizan con fines curativos, medicinales o de limpieza. (Capítulo 20).
- **Akunlegba:** La parte del ori de una persona que contiene las cualidades innatas dadas en el cielo, como la inteligencia.
- **Akunleyan:** La parte del ori que controla los deseos, sueños, anhelos y esperanzas conscientes.
- **Alafia:** Buena suerte en la adivinación Obi (cuando cuatro piezas caen boca arriba). (Capítulo 18, 19).
- **Aleyo:** Un recién llegado a la religión Orisha.
- **Ara:** El mundo humano (Tierra).
- **Araba:** Sacerdote de Ifá que también es Jefe.
- **Aro/Arun**: Enfermedad o dolencia.
- **Ase:** Poder espiritual para manifestar el cambio.

- **Atari**: La coronilla de la cabeza, que conecta tu Ori con lo divino.
- **Atunwa**: El concepto de renacer ("regresar", "repetición"). (Capítulo 4).
- **Awó**: Conocimiento secreto que poseen los iniciados, título referido a alguien que es iniciado en Ifá.
- **Ayangalu**: (¿Variante?) Un Orisha menos conocido asociado con la encrucijada. (capítulo3)
- **Ayanmo**: Destino inmutable (cualidades fijas).
- **Ayé:** El mundo físico, contrastado con el espiritual.

B

- **Baba**: "Padre" (un término respetuoso utilizado en contextos familiares y religiosos).
- **Babaloricha/Babalocha**: Un Santero respetado con amplios conocimientos de iniciación.
- **Babalawo**: Un hábil adivino y guía espiritual, también conocido como sacerdote de Orula.
- **Babalú Ayé:** El Orisha de las enfermedades, epidemias y lepra. (Capítulo 3)
- **Batá:** Un conjunto de tres tambores de dos cabezas que se asemejan a un reloj de arena, cada uno con roles específicos y significado espiritual.
- **Bembé:** Animada ceremonia de tambores celebrada en honor a los Orishas.
- **Bóveda:** Altar dedicado a los antepasados y espíritus, utilizado para ofrendas y oraciones.
- **Burukú:** Faltas morales o mal carácter ("iwá burukú").

C

- **Candomblé**: religión afrobrasileña con influencias y rituales yoruba. (Capítulo 1).
- **Caracoles**: Un tipo de concha utilizada en adivinación y ceremonias, que simboliza riqueza, dinero y utilizada como moneda por los antiguos yoruba. (Capítulo 18, 19).

D

- **Dada:** Orisha asociado con la maternidad, la fertilidad y el bienestar de los niños por nacer. (Capítulo 3).
- **Derecho:** Pago realizado a Olorisha o Babalawo por sus servicios o por respeto.

E

- **Ebo:** Sacrificio u ofrenda realizada a un Orisha o Espíritu. (Capítulo 16).
- **Eboriru:** A menudo practicado por los sacerdotes Orisha, especialmente Babalawos, involucra oraciones (Adura) y puede incluir tanto Ebo Eje (sacrificio de sangre) como Adimu (ofrendas de comida). Algunos practicantes de Orisha consideran que este método es la forma tradicional de ofrecer Ebo.
- **Egbe:** Se refiere a un grupo, sociedad o comunidad en el cielo.
- **Egún**: Espíritus de ancestros fallecidos (algunos linajes incluyen significado religioso).
- **Egungun:** Disfraces de máscaras que se usan para honrar a los espíritus Egun (antepasados).
- **Eewo**: Tabúes espirituales o acciones prohibidas de una persona, conectados con el Ori (espíritu) llamado Eewo.
- **Efun:** Un polvo blanco elaborado a menudo a partir de conchas marinas o huevos triturados, utilizado con fines religiosos como purificación, ofrendas y marcas en el cuerpo.
- **Elegua** / Eshu: Orisha asociado a encrucijadas y caminos. (Capítulo 3).
- **Emi:** El alma, espíritu o esencia de una persona.
- **Emi:** El alma humana, que se cree que está compuesta de varias partes (es posible que se necesiten más detalles).
- **Erinle:** Orisha asociada con la curación, la caza y el agua, también conocida como Inle. (Capítulo 3).
- **Ese:** Versos de Odu que a menudo son cantados o cantados por los Sacerdotes de Ifá durante la adivinación o el sacrificio.
- **Esentaye:** Ceremonia que significa "Los pies tocan el suelo", realizada a los recién nacidos dentro de las primeras 16 semanas.
- **Etutu:** Ofrenda a los antepasados, a menudo en forma de Adimu (ofrenda ritual de comida).

- **Ewe:** Hojas o hierbas utilizadas en prácticas medicinales, conocidas como "oveja" en Yoruba. (Capítulo 20).

F

- **Ritos Funerarios / Itutu:** Ceremonias que honran y guían al difunto dentro de la tradición Yoruba.
- **Funfun:** Significado blanco, frecuentemente asociado con el Orisha Obatalá.
- **Fúnke:** Bendición espiritual o esencia dada por Orishas o ancestros

I

- **Ibeji:** Orisha representado como gemelos divinos, típicamente regalados a los devotos como dos estatuas, una masculina y otra femenina. (Capítulo 3).
- **Ibori**: Una ceremonia realizada a alguien para ayudar a fortalecer y elevar su Ori/conciencia.
- **Ifá**: Sistema de adivinación originario de los Yoruba que consta de 256 Odu o signos. Ifá juega un papel importante en la tradición espiritual yoruba más amplia. (Capítulo 15).
- **Igbeyawo:** Ceremonia de boda tradicional yoruba.
- **Igbodú:** Espacio sagrado de uso frecuente durante las iniciaciones.
- **Igbó** (Ibo): Pequeñas herramientas sagradas como conchas y huesos utilizadas por un sacerdote para ayudarles a determinar la orientación del Odu durante la adivinación.
- **Igba** Iwa: Una calabaza que se cree que contiene todas las energías de la creación.
- **Igi:** Un palo.
- **Igoke**: Desarrollo espiritual o evolución que se produce cuando uno está alineado con su destino.
- **Ikin**: Nueces de palma sagrada, semillas con cuatro ojos o más utilizadas en la adivinación de Ifá.
- **Ileke:** Cuentas que usan los devotos de Orisha.
- **Ilé:** Casa, muchas veces se refiere a una casa o comunidad de practicantes de Orisha.

- **Ipadawaye:** que significa "el antepasado ha regresado", se utiliza a menudo cuando un niño renace. Existe la creencia de que cuando un niño llega al mundo, es un antepasado renacido.
- **Ipako:** Depósito de poder espiritual (ase) dentro de tu Ori. (Capítulo 8).
- **Iponri:** Parte del alma conectada al cielo, el yo superior, gemelo espiritual en el cielo. (Capítulo 8).
- **Ipese**: Significa apaciguar y arreglar las cosas, a veces se usa para referirse a una ofrenda dada al Iyami.
- **Iroke**: llamado el tapper de adivinación de Ifá se asemeja a un colmillo de un animal con imágenes talladas en él. Tradicionalmente estaban hechos de marfil, pero hoy en día suelen estar hechos de madera o astas de ciervo.
- **Iroko**: Espíritu que habita en el árbol Iroko (Milicia Excelsa) en África.
- **Irukere:** Un batidor de cola de caballo utilizado por los sacerdotes para limpiar el espacio antes de realizar rituales o adivinación.
- **Irunmole:** Seres primordiales creados por Olodumare antes de que existiera el mundo.
- **Ire:** Bendiciones, estar alineado con el destino de una persona, buena fortuna y energía positiva.
- **Ire Aiku:** Larga vida, buena salud (gran bendición).
- **Itadogun:** período de adivinación de 16 días en el calendario yoruba.
- **Itutu:** Ofrenda para elevar y refrescar el espíritu del difunto, también se utiliza para referirse a los ritos funerarios que honran y guían a la persona recientemente fallecida.
- **Itéfa:** Iniciación completa de Ifá.
- **Iwa:** Carácter humano (iwa rere = buen carácter). (Capítulo 13).
- **Iwa-inu:** Representa nuestro carácter interior, encarnando la conciencia moral y la fuerza espiritual.
- **Iwa pele:** Buen carácter o comportamiento. (Capítulo 13).
- **Iya:** "Madre".
- **Iyaami:** "Mis madres", a menudo se refiere a un grupo de Orishas y espíritus femeninos.
- **Iyalorisha:** Sacerdotisa Orisha femenina.
- **Iyanifa:** Mujer sacerdotisa de Ifá.
- **Iyabó (Iyawó):** Iniciado novicio en Regla de Ocha (restricciones).

- **Iyalorisha (Iyalocha):** Olorisha femenina que inicia a otros.
- **Iyerosun:** Polvo sagrado utilizado en adivinación y rituales.

K

- **Kehinde**: Nombre comúnmente dado al "segundo nacido de gemelos".
- **Kola:** Nuez amarga usada frecuentemente en la adivinación con Obi y como ofrenda.
- **Kọ́ jọ́ dá**: Calendario tradicional yoruba, que significa "que el día sea claramente previsto".

L

- **lódè**: se refiere a "afuera".
- **Lucumi / Lukumi:** Tradición religiosa sincrética afro-cubana que se desarrolló entre los descendientes del pueblo yoruba

M

- **Madrina**: A menudo se refiere a una madrina en la tradición lucumí/santería.
- **Meiji**: Se refiere al número "dos".
- **Merindinlogun**: Se refiere al número "dieciséis", el sistema de adivinación con caracoles utilizado por sacerdotes y sacerdotisas orisha.
- **Mojuba**: Una oración a los ancestros y los orishas pidiendo su apoyo.

N

- **Nana Buluku**: Es comúnmente adorada en Benin y Dahomey por el pueblo Fon. Es considerada la diosa suprema que dio a luz a Mawu y Lisa en muchos linajes Vodou. (Capítulo 3)

O

- **Oba**: Se refiere a un rey o gobernante tradicional. También se usa como título de respeto para un Oriate, un maestro de ceremonias en ciertos rituales. (Capítulo 3).

- **Obatala**: El orisha de la paz y la pureza. (Capítulo 3).
- **Obanla**: Otro nombre para el orisha Obatala, que significa "alabado sea el paño blanco". (Capítulo 3).
- **Obi**: Un sistema de adivinación que utiliza la nuez de cola o el coco. Obi también es considerado un orisha. (Capítulos 18, 19).
- **Oche / Oshe**: Un hacha de doble cabeza que tiene un significado simbólico asociado con el orisha Sango.
- **Ode**: Significa "afuera" o "exterior". (Capítulo 8).
- **Odu**: Representa el útero, un patrón de adivinación o un patrón creado por la energía. También se refiere a los versos o signos utilizados en la adivinación. (Capítulos 14, 15, 18, 19)
- **Oduduwa**: Visto como un rey histórico yoruba y un orisha que jugó un papel en el mito de la creación, gobernando Ife, la ciudad-estado de donde surgió el imperio yoruba. (Capítulo 3)
- **Ofo**: Se refiere a una pérdida repentina.
- **Ogbanje**: Espíritu de un niño que se cree que nace y muere repetidamente.
- **Ogun**: El orisha del hierro, la guerra y la tecnología. (Capítulo 3).
- **Oke**: A menudo asociado con el orisha Obatala, con quien se dice que es inseparable. Oke está vinculado a montañas extremadamente altas, picos y lugares naturales. (Capítulo 3).
- **Oko**: Asociado con la agricultura y la agricultura, invocado por agricultores y agricultores. Oko también está conectado con la tierra y es considerado el orisha patrón de los agricultores. (Capítulo 3).
- **Olodumare**: La deidad creadora suprema, otro nombre para Dios. (Capítulo 2).
- **Olofin**: El gobernante del cielo en la tradición Ifa. (Capítulo 2).
- **Olokun**: Orisha del océano y las profundidades. (Capítulos 2, 3).
- **Olorisha**: Sacerdote o sacerdotisa iniciado de la Santería/Lucumí.
- **Olorun**: Dios del cielo u otro nombre para Olodumare. (Capítulo 2).
- **Omi tutu**: Una ofrenda de oración de agua fresca a las Divinidades; "agua fresca".
- **Omi**: Agua, ofrecida como libación a los orishas. (Capítulo 20).
- **Omiero**: Agua sagrada mezclada con hierbas e ingredientes

naturales para ceremonias, curaciones e iniciaciones. (Capítulo 20).

- **Omo**: Significa "hijo".
- **Omoluabi**: Una persona conocida por su buen carácter y principios.
- **Opele**: Una cadena de adivinación utilizada en Ifa para la guía espiritual. (Capítulo 15).
- **Opon Ifa**: Una bandeja de adivinación utilizada en Ifa. (Capítulo 15).
- **Oriate**: Un sacerdote reverenciado por su dominio de las ceremonias, especialmente en la dirección de iniciaciones, también conocido como Oba (jefe).
- **Orún**: Cielo o reino espiritual, contrastando con Ayé, el reino terrenal. (Capítulo 2).
- **Ori-apere**: El aspecto inmutable del destino de una persona. (Capítulo 8).
- **Ori Inu**: La conciencia interior o cabeza interior. (Capítulo 8).
- **Ori**: La cabeza o conciencia espiritual de un individuo. (Capítulo 8).
- **Oriki**: Alabanzas, oraciones y canciones utilizadas para honrar a los ancestros, orishas o solicitar bendiciones.
- **Orisha**: Deidades en la tradición religiosa yoruba.
- **Oro**: Oro fue un rey histórico y también es visto como un orisha de la justicia.
- **Orunmila**: Orisha de la adivinación y la sabiduría. (Capítulo 3).
- **Osain**: Orisha del bosque, las hierbas y la curación. (Capítulo 3).
- **Osha / Ocha**: Forma abreviada de Orisha.
- **Oshosi**: Orisha del bosque, la justicia y la caza. (Capítulo 3).
- **Oshun**: Orisha del amor, la belleza y los ríos. (Capítulo 3).
- **Osogbo**: A menudo se refiere a "energía negativa" y estar fuera de camino con su destino.
- **Osumare**: Un orisha del Arcoiris y la serpiente. (Capítulo 3).
- **Osun**: Un orisha que protege el Ori de una persona. (Capítulo 3).
- **Otá (Otán)**: Se refiere a ciertas piedras que representan energías espirituales.
- **Oti**: Alcohol usado frecuentemente en ceremonias, refiriéndose a licores fuertes como la ginebra.
- **Owo**: Representa dinero, riqueza o bendiciones materiales.
- **Oya**: Orisha del viento, las tormentas y el mercado. (Capítulo 3).

- **Oyin**: Significa "miel".
- **Oyo**: Una ciudad en Nigeria. (Capítulos 1, 2).
- **Oyugbona**: A menudo usado para referirse a los "padrinos segundos" de una persona en la religión.

P

- **Padrino**: Padrino.
- **Pagugu**: También llamado bastón de los ancestros o bastón de Egun, comúnmente utilizado para llamar a los ancestros golpeando el suelo nueve veces.
- **Palo Mayombe**: una religión afro-cubana del Congo, venera a los espíritus Nkisi que representan aspectos de la naturaleza y la vida a través de rituales y medicina herbal. (Capítulo 1).
- **Pataki**: Una historia sagrada o mito yoruba que a menudo se transmite y enseña oralmente.

R

- **Regla de Ocha**: También conocida como Santería o Lucumí, esta religión es originaria del pueblo Yoruba y fue llevada a Cuba y otras partes de América.

S

- **Sango**: Orisha asociado con el trueno y el rayo en la religión yoruba, simbolizando el poder y la fuerza. (Capítulo 3).
- **Santería**: también conocida como Santería o Lucumí, es una religión afro-cubana con raíces en las tradiciones yoruba. Se originó en Cuba y se extendió a otras partes de América, mezclando elementos del catolicismo, las creencias taino (indígenas del Caribe) y otras tradiciones espirituales junto con su base yoruba. (Capítulo 1).
- **Sopera**: Un recipiente utilizado para albergar al orisha y sus objetos sagrados.

T

- **Tabi**: significa "o" en esto o aquello. A menudo utilizado al hacer una pregunta en la adivinación.
- **Taiwo**: Nombre comúnmente dado al primogénito de gemelos.
- **Trinidad Orisha**: Una tradición sincrética de base yoruba que se originó en Trinidad y Tobago. (Capítulo 1).
- **Tutu**: Frescura.

U

- **Umbanda**: Originaria de Brasil, la Umbanda combina elementos de creencias africanas, indígenas y cristianas. Se centra en la adoración de los orishas. (Capítulo 1).

V

- **Vodou**: También conocido como Vudú, el Vodou es una religión sincrética originaria de Haití. Se centra en la adoración de los loas, espíritus que representan varios aspectos de la naturaleza y la vida humana e incorpora elementos de las religiones de África Occidental.

W

- **Guerreros**: Una ceremonia de iniciación donde los Orishas Elegua, Ogun, Ochosi y Osun se otorgan a las personas para ayudarlos en su viaje espiritual.

Y

- **Yeye**: Otra palabra para madre.
- **Yoruba:** Pueblo étnico tribal ubicado en Nigeria conocido por su rico patrimonio cultural, idioma y tradiciones religiosas. (Capítulo 1).

* * *

BIBLIOGRAFÍA

1. * Abimbola, Wande. *Ifa Divination Poetry*. Translated, edited, and with an introduction by Wande Abimbola. NOK Publishers, 1977.
2. * Adesola, Oluseye, and Philip Adedotun Ogundeji. "Chapter 17. Time in Yorùbá Perspective." *Data-Rich Linguistics: Papers in Honor of Yiwola Awoyale*, Cambridge Scholars Publishing, 2018.
3. * Babayemi, S. O. *Egungun among the Oyo Yoruba*. University of Ibadan, 1980.
4. * Bascom, William. *Ifa Divination: Communication Between Gods and Men in West Africa*. Indiana University Press, 1969.
5. * Bascom, William R. *The Yoruba of Southwestern Nigeria*. Holt, Rinehart and Winston Waveland Press, 1969.
6. * Blanco Torrealba, Isaac Omar. *Primeros Pasos de Un Omo Awo*. 2nd ed., 2016.
7. * Cortez, J. G. *The Osha: Secrets of the Yoruba-Lucumi-Santeria Religion in the United States and the Americas*. Athelia Henrietta Press, 2000.
8. * Dayrell, E., and A. Lang. *Folk Stories from Southern Nigeria*. Longmans, Green, and Co., 1910.
9. * Ellis, A. B. *Yoruba-Speaking Peoples of the Slave Coast of West Africa: Their Religion, Manners, Customs, Laws, Language, etc.* Chapman and Hall, 1894.
10. * Epega, A. *Obi: The Mystical Oracle of Ifa Divination*. Imole Oluwa Institute, 1985.
11. * Falconbridge, A. *An Account of the Slave Trade on the Coast of Africa*. Printed by J. Phillips, 1788.
12. * Gaitsn, T. *Vocabulario Santero*. Ediciones Orishas de Cuba, 1994.
13. * Garcia Cortez, J. *The Osha II*. Athelia Henrietta Press, 2006.
14. * Ibie, C. O. *Ifism: Complete Works of Orunmila*. Vol. 2, Athelia Henrietta Press, 1992.

15. * Mullen, N. *Yoruba Art and Culture*. Exhibition catalog, Phoebe A. Hearst Museum of Anthropology, University of California, Berkeley, 2004.

16. * Ogundiran, A. *The Yoruba: A New Perspective*. Indiana University Press, 2020.

17. * Olaoluwa, S. "Postcolonial Contention and Cosmopolitan Temporality in Niyi Osundare's *Days*." *disClosure: A Journal of Social Theory*, vol. 25, 2016.

18. * Oluwole-Olusegun, P. *History of the Yoruba People: Culture and Tradition*, Published online on Academia, 2020.

19. * Osundiya, B. *Awo Obi: Obi Divination in Theory and Practice*. Athelia Henrietta Press, 2001.

20. * Oyeweso, S., and O. C. Adesina, editors. *Ọ̀yọ́: History, Tradition, and Royalty: Essays in Honour of His Imperial Majesty the Alaafin of Ọ̀yọ́, Oba (Dr.) Lamidi Olayiwola Adeyemi III*. Ibadan University Press, 2021.

21. * Smith, R. S. *Kingdoms of the Yoruba*. University of Wisconsin Press, 1969.

22. * Sogbesan, O. "Primordial Yoruba Concept of Time and Calendar: The Case of the Aboòrìsàs of Oyo Town." *Journal of Culture, Society and Development*, vol. 67, 2022.

ÍNDICE

Morir

Capítulo 12

Ritos de Iniciación Yoruba y Roles Sacerdotales

¿Qué es la Iniciación Orisha?

¿Por Qué la Gente se Inicia?

Trabajando con los Orishas

Responsabilidades de los Iniciados

Ceremonia Ori

Honrando a Egbe-Orun

Recibiendo Orishas Itéfa/Ifa El Papel y las Responsabilidades de un Sacerdote

Capítulo 13

Entendiendo Iwa-pele y Omoluabi

Capítulo 14

El Propósito de la Adivinación

El Papel de un Adivino

Las Responsabilidades de un Adivino Hacia sus Clientes

Capítulo 15

Decodificando Odu Ifa

Entendiendo Ese Ifa

Las Herramientas de Ifa

Los Dieciséis Odus Mayores de Ifa y Sus Descripciones

Capítulo 16

Sacrificio y Ebo

Tipos de Sacrificios

* * *

ACERCA DEL AUTOR

Michael Perez, conocido como Awo Ayodele Ifagbemi, es sacerdote de la tradición espiritual yoruba y practicante devoto de la espiritualidad Orisha y la adivinación Ifá. Con formación en trabajo social y más de dos décadas de experiencia en exploración espiritual, se dedica a guiar a otros en su camino de sanación, autodescubrimiento y transformación personal. A través de sus enseñanzas, comparte la sabiduría de los Orishas, ofreciendo un camino hacia la armonía espiritual y una comprensión más profunda. Además del Manual de Entrenamiento Espiritual Yoruba, es autor de Los Versos Sagrados de los Orishas y otras obras sobre la espiritualidad yoruba.